1 MONTH OF
FREE
READING

at

www.ForgottenBooks.com

ISBN 978-0-364-67219-8
PIBN 11046708

Mein Wanderbuch.

Von

C. Herloßsohn.

Zweiter Theil.

Leipzig,
Verlag von August Taubert.
1842.

Die ganze elegante Männerwelt in Nizza war entzückt. Eine Gräfin Villaflores, eine Portugiesin, setzte alle Köpfe und Herzen in fieberhafte Bewegung. Sie war in der That schön. —

Es war Bianca. —

Edgar, der auf den Rath der Aerzte mit seinem Großvater nach Nizza gegangen war, weil ihm in Folge der Verwundung eine Brustkrankheit drohte, hörte von der schönen Gräfin sprechen, ohne daß ihn jedoch eine Sehnsucht trieb, sie kennen zu lernen. Er spann an seinem Schmerz, wie der Seidenwurm an seinem Sarge, seinem Tode spinnt. Der Schmerz hat das Eigenthümliche, daß man ihn lieb gewinnt, oft lieber als die Freude, daß man ihn hegt und pflegt, wie ein krankes, verzogenes Kind. —

Auch der Großvater, der häufig ohne Edgar's Begleitung Excursionen in die Umgebung von Nizza machte, sprach von der schönen Gräfin.

Edgar, dem jede heftige Bewegung versagt war, saß in seiner Wohnung, in der Aquila d'oro, am

Fenſter und trank in vollen Zügen die warme, milde Luft des Südens. Savoyens blau=leuchtender Himmel drang in ſein Gemach, die Orangendüfte vom Balkon umwehten ihn, der Oleander flüſterte geſchwätzig in ſeinen Zweigen und Blumendolden, als ſpräche er von Liebe — der Abend ſank und malte Purpur auf Edgars blaſſe Wangen.

Plötzlich wurde die Thüre mit Heftigkeit aufgeriſſen, eine ſchöne Frau ſtürzte herein, zu Edgars Füßen — ſie verbarg ſchluchzend das dunkelgelockte Haupt in ſeinem Schooße.

Es war Bianca.

— „Können Sie mir vergeben, Edgar?" flehte ſie in rührenden Tönen.

„Bianca, Bianca!" rief er und ſuchte ſie aufzurichten.

— „Ich habe Ihnen ja das Lebensglück geſtohlen aus Eitelkeit; nein, ich will es geſtehen, ich, die reuige Sünderin — aus Eiferſucht. — Angeline ging in den Tod, meinetwillen; ich war es, die Ihre Leidenſchaft aufſtachelte, die Sie zum Duell reizen ließ. Die Folgen habe ich nicht bedacht. Aber ich lebe noch, ich habe Zeit zum Bereuen. Und reuig und beſchämt ſehen Sie mich zu Ihren Füßen, dieſelbe Bianca, die Sie ſonſt ſo ſtolz genannt."

„Gute, liebe Bianca," tröſtete Edgar, „ich habe

Ihnen längst verziehen. Konnte ich Sie denn hassen! Sie haben nur Wahrheit gesprochen. Jene schöne, rührende Angeline war ja schon lebend für mich todt. Ich habe ihren Scheidebrief, ihr Selbstgeständniß erhalten. Die Enttäuschung war freilich furchtbar, Bianca! aber Ihnen habe ich nie gezürnt, ich habe — wie man mir sagte — selbst in den Fieberträumen Ihren Namen nie mit Groll genannt."

„Und ich habe ihn von Ihren Lippen geküßt."

— „Also war es," rief Edgar und umschlang den Hals des schönen Weibes, „kein Traumgebild, es war Wirklichkeit. Sie erschienen an meinem Krankenbette, Sie küßten mich, ich fühlte Ihre Locken an meiner brennend heißen Stirn. — Ihr Herz ist doch gut, Bianca. — Aber unter welchem räthselhaften Namen finde ich Sie wieder hier. Mein Großvater sprach davon — nur Sie können die allgepriesene Gräfin Villaflores sein. Sind Sie vermählt?"

— „Nein — nein! Aber ich habe nach jener schrecklichen Todesnacht, die uns trennte, meinen Vater wieder gefunden. — Er weiß Alles — Alles; davon ein anderes mal."

„Bianca," fuhr Edgar fort, „lassen Sie mich Sie immer nur bei diesem Namen nennen; jetzt will ich auch ein Geständniß thun. Ich liebe Sie — ich habe Sie schon damals, als Sie so verhängnißvoll in mein Schicksal griffen, geliebt. Es ist ein Elend, man nennt es Lebensgeschick — daß unsere Richtungen uns trennen. — Warum kannte ich Sie nicht früher, Bianca! Ich hätte Sie unter Tausenden gefunden. Theurer war ich Ihnen doch wohl, als dieser elende Schneck."

„Kein Wort von ihm," rief sie, „Sie rollen die größte Schmach meines Lebens vor mir auf. — Ja, Edgar, ich liebe Sie! Was haben Sie aus mir gemacht? Ich liege wie eine Bettlerin zu Ihren Füßen. — Edgar! Edgar! Ich bin jetzt reich, mein Vater ist reich, folgen Sie mir — nach Portugal, nach Westindien, wo uns Niemand kennt, wo wir nur eine Zukunft, keine Vergangenheit haben; wo wir vergessen — vergessen können. Sie haben mir ja verziehen! Und Gott war auch barmherzig; er schenkte mir in meinem grenzenlosen Elend, als ich Ihretwegen dem Selbstmord nahe war, meinen Vater wieder."

— „Bianca, wenn wir vergessen könnten, wie wir wollen! Aber, meine Freundin, wir haben eine Vergangenheit unauslöschlich in unser Gedächtniß eingeprägt. Es gibt Dissonanzen, die nicht aufzulösen sind. Wir konnten, wenn das Geschick wollte, uns einen Lebenskranz winden; jetzt haben wir nur zerpflückte Blumen in den Händen; sie werden sich nie — nie zum Kranze fügen."

„Auch nicht, wenn diese Arme sich umschlängen?"
weinte Bianca und drückte ihr Haupt an seine Brust.

— „Nie — niemals — jede Berührung, die
vielleicht die Erinnerung gibt, würde sie schmerzhaft
trennen. Bianca — bedürfen wir der Schmerzen
noch mehr? Haben wir den bittern Lebenskelch nicht
zur Genüge geleert!" —

„Geleert? Noch nicht, das Leben ist lang. —
Angeline hatte Muth, sie konnte sterben; ich will, ich
kann nicht sterben. — Zum Sterben, mein Freund,
gehört Muth."

— „Meine Bianca, ich glaube, zum Leben, zu
unserm Leben gehört noch ein größerer Muth, als
der Lebensmuth. — Ich sehe ruhiger in ein offenes
Grab, als auf einen Blumenflor. Ich habe in Angelinens Gruft hinabgesehen und mich dahin gesehnt,
wie in eine Blumenwiege, und doch sagte der Todten-
gräber, es wohnte Nacht und Graus daselbst. — Was
haben wir, liebe Bianca, vom Leben? Es hat uns
Beide belogen, betrogen. — Nur die Gräber sprechen
Wahrheit; sie sollen Auferstehung predigen. Wird
diese Auferstehung eine Wirklichkeit werden? Wird
die Verwesung eine ewige Wahrheit, eine Wirklichkeit bleiben? Werden wir uns je wiedersehen, vorwurfsfrei, vorurtheilsfrei — ich — Sie, meine Bianca? — Nur die Todten können darauf Antwort geben;

aber sie schweigen. — Wenn die Todten reden konnten — wir Lebendigen wären reicher an Weisheit." —

— „Jedes Ihrer Worte," rief Bianca und preßte
ihr thränenfeuchtes Antlitz an seine Wange, „durch-
bohrt mein Herz! Wie können Sie so grausam sein,
Edgar!? Sie reißen den flatternden Blüthenkranz
von meinem Haupte und reichen mir einen Todten-
kranz. — Soll ich denn schon so früh sterben, soll
ich aufhören zu sein, bevor noch diese Mißtöne ver-
klungen sind? Sie werden, sie müssen verklingen.
Gott hat mich so elend gemacht, er muß mich wieder
glücklich machen. — Wahnsinn oder Tod — soll der
armen Menschennatur kein anderer Ausweg bleiben?
Sprechen Sie, Edgar!"

„Soll ich versichern? Jede Versicherung ist eine
Zusage — auf das Jenseits kann ich sie nicht stellen.
Aber hoffen können, dürfen wir Alle, Bianca, dazu
haben wir das Recht. — Die Todten werden
auferstehen! Sonst hätte ja Gott gelogen und er
ist die ewige Wahrheit. Sehen Sie seine leuchtende
prachtvolle Natur, diesen blauen Himmel, das Meer,
das Jahrtausende lang diese Ufer schlägt und tausend
Ströme und Bäche tränkt. Bauen wir auf Gott.
Er allein ist wahr. Und was wir heute Glück und
Seligkeit nennen: da unten im Grabe, Bianca! ist
es ein farbloser Traum. — Glauben Sie mir — ich

habe in die Gräber geblickt. Die Welt bleibt ewig jung, weil aus dem Moder immer Blüthenknospen sprossen. Wollen wir denn besser sein, als die Welt, als unsere Mutter Erde? Gute Bianca!"

„Und wollen, sage ich Ihnen," rief Bianca mit Stolz, „die Blüthenknospen mit Gewalt abpflücken, um gestorbene, gemordete Blumen zu haben? Sind denn die Weiber alle in euren Augen nichts als bunte Blumen, die man pflückt, um sie hinterher in den Staub zu werfen. Ich lebe, und weil ich lebe, habe ich ein Recht, mein Leben geltend zu machen. Ihr Männer wollt aber nicht einmal die Rechtmäßigkeit unserer Existenz anerkennen! — Gott erschuf das erste Weib, weil der Mann aber einige Augenblicke früher erschaffen war, usurpirt er das Recht, daß das Weib, daß alle Weiber seine Sclavinnen sein sollen."

„— Bianca! sprechen Sie nicht von Sclaverei; — Sie sind oft Beherrscherin gewesen. Im Bewußtsein Ihrer Schönheit sind Sie stets Herrscherin. Soll ich Ihnen denn noch einmal sagen, daß ich Sie liebe? Ich spreche dieß Wort nicht so leicht aus. Und das Entsagenmüssen hat seine Bitterkeit: glauben Sie mir dieß, Bianca! Ich habe es erfahren."

„Und ich," rief sie und erhob sich und wandte das stolze Haupt gegen ihn — sie war in diesem Augenblicke so schön, aber so drohend, wie Medea,

„ich habe entsagen lernen und — betteln müssen, betteln um Liebe: fühlen Sie dieß? Ich habe sie nur einmal gefunden, ich pochte an die verschlößene Pforte — vergebens, vergebens! diese Pforte ist Ihr Herz! — Meine Lebensschule war eine geraume Zeit lang die einer Bettlerin. Die Bettler haben heilige Ansprüche; aber ihr stolzen, herzlosen Menschen hört sie nicht, seid taub, bleibt taub gegen den Wehschrei aus der gemarterten Brust. — Weil ich dem elenden Baron Schneck gehörte, haben Sie mich verachtet: warum wollten Sie denn mir nicht gehören? Warum die Leichenbraut, statt der blühenden, liebenden?"

— „Ich habe an sie geglaubt, meine liebe Bianca —" versetzte Edgar und küßte des schönen Weibes Wangen und ihre Thränen, die hervorquollen aus den dunkeln Augen — „laßen Sie mir den Glauben — diese Inschrift für mein Grab." —

„Edgar! wollen Sie denn sterben? Für Angeline sterben? Sie dürfen, Sie müßen, Sie können nicht sterben! Sie dürfen nur für mich leben, oder ich sterbe für Sie. Der Gott, den Sie so oft genannt, hat auch dem Weibe, das er erschaffen, eine Macht, eine Gewalt gegeben, die Sie anerkennen müßen. Die Mutter unsers Erlösers war doch auch ein Weib. — Edgar! Edgar! Maria war ein Weib. — Ich werfe mich hier zu Ihren Füßen —

nennen Sie mich nicht wieder Bianca, schelten Sie
mich Magdalena; — ich werde es, ich kann es von
Ihnen ertragen. Aber lieben müssen Sie mich doch.
Seien Sie barmherzig wie der Heiland; er hat ja
Magdalena geliebt."

Sie faßte krampfhaft seine Hände und drückte ihr
Haupt in seinen Schooß und weinte. —

Wie war sie schön in ihren Thränen, in dem
Schmerzensausdrucke ihres gebrochenen Herzens. —
Ein ganzer Erdendaseins-Frühling flatterte ja bei diesen Worten von ihren blendenden Schultern, die
Edgars Mund küßte, hinab, wie der Farbenstaub
verwischt wird, wenn man des Schmetterlings Flügel berührt. —

„Ob ich Sie liebe, Bianca? — warum das noch
einmal sagen? Ich vermochte es ja nicht, Sie zu
hassen wegen Angelinens Tod. — Ich sagte damals:
Nein, sie wird dich nicht verhöhnen — ich lag im
Fieberwahnsinn — diese Bianca hat Thränen für
dich geweint, und so lang ein Weib noch Thränen
hat, ist es doch immer noch ein Engel. — Leben
Sie wohl, Bianca!" —

— Sie riß sich weinend los und sagte: „Leben
Sie wohl!"

*　　　　　*

Ich kam um drei Uhr zur Neri.

„Ihr begrabt eine Leiche und streuet Blumen auf den Sarg, das Moderhaus. Warum habt Ihr denn nicht genug Liebe im Leben und streut den Lebendigen Blumen auf den Lebensweg? Die Lebendigen können noch dankbar sein; die armen Todten vermögen es nicht. Man sollte blos Blumen, die aus Gräbern gesprossen sind, wieder auf Gräber pflanzen. Wo ist das Grab, aus dem eine Blume auf meinen Rasenhügel gepflanzt wird? — Ich frage, frage —; aber die Lebendigen geben keine Antwort, und die Todten sind arm und stumm." —

Bianca.

Vor dem Hause stand ein Sarg mit Blumen bedeckt; das Blatt, welches ich hier copirt, lag auf der Treppe. — Vermuthlich hatte es Jemand verloren. Die unterschriebene Bianca kannte ich nicht; aber ich glaube, sie hat doch Recht in dem, was sie gesagt hat. Ich habe so oft auf meinem Lebenswege Blumen zertreten — ohne es zu wollen — aber beim besten Willen konnte ich doch keine erschaffen. Die Blumen sind alle so schön, wie junge Mädchen und gewiß so gut. Warum müssen denn die Blumen so früh zu Grunde gehen, zerpflückt oder vermodert: eine kurze Spanne Frist! —

Da ist mein Lottchen zu Grunde gegangen; eigentlich nicht —; denn sie ist reich und Frau Baronin und die Reichen, heißt es, sind alle glücklich; denn wenn sie unglücklich wären, würden sie sich um die Armen bekümmern. — Und mein Malchen, dem ich eben den Myrtenkranz in die Locken drücken wollte, ist auch unglücklich geworden, ist zu Grunde gegangen. — — Nein, nein doch. Sie ist schön, besitzt eine schöne Stimme — ist beim Theater und kann also nicht unglücklich sein. Sie geht fort in eine fremde Stadt, wo sie Niemand kennt, und folglich Alles verschwiegen bleibt. Der gewissenlose Intendant! Wie könnte ich eine Blume zerpflücken, noch bevor sie aufgeblüht. Lieber würde ich mich in einen Sarg mit ihr betten. —

Im Grunde ist der Sarg doch das eigentliche Wohnhaus der Menschen, es ist fester, sicherer und ewiger als alle Prachtpaläste der Erde. —

Da wird eben die Leiche fortgetragen von stummen, geist- und herzlosen Gesichtern, die für ihre Beschäftigung bezahlt werden. Neben mir springt ein kleines schwarzbraunes Mädchen die Stufen herab und sagt zu ihrem Bruder, der ihr neugierig folgt: „Es ist ja nur eine Leiche!"

Du armes, kleines, braunes Kind haft keine Ah-
nung davon, was eine Leiche bedeuten will. Mit
einer Leiche geht manchmal ein ganzer Weltgeschichten-
raum zu Grabe, Kunst, Wissen und — was über
Alles geht: Edelmuth; der edle Muth, etwas zu
schaffen trotz Feindseligkeit und Undank! — Und dann
versenken sie in die Gräber Herzen, die für die ganze
Welt heiß geschlagen, tausend Hoffnungen und tausend verfehlte Bestrebungen, verfehlte, früh verwelkte
Träume, zerrissene Blumen, Thränen, Seufzer und
ein ganzes Lebensglück. — Darüber sprossen nun
Gräser; bedeuten denn diese die Auferstehung?" —

Ich habe in Boxdorf ein junges, schönes, sechs-
zehnjähriges Mädchen gekannt. Sie starb am Ner-
venfieber. So reizend sie im Leben war, so trostlos,
bemitleidenswerth war sie als Leiche. — —

— Aber ich bin ein Thor, stehe hier auf der
Treppe, halte über eine Leiche, die Leiche eines mir
stockfremden Menschen ein wehmüthiges Selbstgespräch
und habe vergessen, daß ich der Neri, die wie das
blühende Leben aussieht, eine Stunde geben muß.

— Ich trat in ihr Gemach, sie kam mir verlegen,
fast scheu in einem schneeweißen Negligee entgegen,
die Seitenthüre wurde zugeschlagen — eine Gestalt
verschwand durch dieselbe. Ich hatte nicht Zeit, dieselbe zu erkennen, ich verneigte mich vor der so rei-

zenden und allmächtigen Dame und sagte mit beben=
der Stimme — ihr reizendes Costüm verwirrte meine
Sinne:

„Wenn ich störe — will ich morgen wieder
kommen."

„Wo denken Sie hin — morgen um neun Uhr
ist ja Probe. Ich muß noch das Cantabile mit Ihnen
durchgehen, die eine Passage, die schwere — ein Ueber=
gang, für ein Instrument, aber für keine Menschen=
stimme gesetzt. — Setzen Sie sich ans Clavier, mein
Herr, in fünf Minuten sind wir fertig."

Ich gehorchte und schlug die fragliche Stelle,
E-dur, an; die schöne Frau legte sich mit ihrem wei=
ßen vollen Arm auf meine linke Schulter und sang,
sang so vortrefflich, daß es meiner Probe gar nicht
bedurfte.

Ich gestand ihr dieß auch und versicherte sie eines
glänzenden Erfolges. —

„Singen Sie nicht selbst auch? — ich möchte
Ihre Stimme hören. Sie componiren vielleicht gar?"

— „Ich habe es versucht," entgegnete ich zitternd.

„Gut, dann singen Sie mir eines Ihrer Lie=
der vor."

— „Wenn Sie befehlen — ich habe es selbst ge=
dichtet und in Musik gesetzt. Es ist ein Jugendver=
such: Sie müssen Nachsicht haben."

„Nur fort, ohne falsche Bescheidenheit!" —

— Ich faßte, da sie gebot, mir endlich ein Herz und sang ihr folgendes Lied:

„Unter der Linde lag ich als Knabe,
Habe die grünen Blätter geseh'n,
Unter der Linde lag ich als Knabe,
Hab' durch die Blätter den Himmel geseh'n.

Unter der Linde lag ich als Knabe,
Habe zuerst dort mein Lottchen geseh'n;
Ich war ein munterer, fröhlicher Knabe,
Lottchen so rosig, so engelschön.

Unter der Linde durft' ich als Jüngling
Lottchen meine Liebe gesteh'n,
Durfte sie küssen, durfte sie herzen,
Konnt' ihr ins leuchtende Auge seh'n.

Unter der Linde saß ich voll Schmerzen,
Sah einen Leichenzug drüben geh'n,
Mußt' in dem schwarzbehangnen Sarge
Meinen Vater tragen seh'n. —

Unter der Linde sah ich mein Lottchen
Stolz im Wagen vorüberzieh'n
An der Seite des vornehmen Gatten,
Mußte daß ich vergessen bin! —

Vater und Mutter und Lottchen verloren!
Rief ich damals verzweifelnd aus —
Wär' ich doch lieber gar nicht geboren,
Wär' ich doch unten im Grabeshaus.

Unter die Linde müßt ihr mich betten,
Unter der Linde ruh' ich aus —
Sie ist der Ort meiner seligsten Freuden
Und meiner Schmerzen ewiges Haus." —

„Charmant, charmant," sagte die Sängerin nach=
dem ich geendigt. „Wer wird aber so befangen sein,
Ihre Stimme zitterte ja, auch griffen Sie ein paar=
mal fehl. Sie müssen mehr Muth fassen. Mit Ihren
Mitteln könnten Sie erster Tenor werden, statt sich
mit den Chorproben für einen so unbedeutenden Ge=
halt abzuplagen. — Treten Sie doch entschiedener
auf! Ihre Partie mit der Kleinen, hörte ich, ist aus
gewissen Gründen zurückgegangen. Sie haben so ganz
gut gehandelt; Sie sind noch jung und können Ihr
Glück machen."

— Ich besann mich auf eine Antwort; dieß Alles
klang für mich sehr schmeichelhaft —: da wurde plötz=
lich die Thüre aufgerissen und der Prinz Erich, der
Bruder unsers allergnädigsten Landesherrn, trat rasch
herein. Er war im schwarzen Frack und hatte blos
das kleine Kreuz im Knopfloche. Er sah erzürnt,
verstört aus. —

Die Neri erbleichte, als sie ihn sah und hielt sich
krampfhaft am Piano fest. Ich prallte mehrere
Schritte zurück vor seiner Hoheit.

„Wer ist der Mann?" rief der Prinz und seine
Blicke durchbohrten mich.

„Der Correpetitor," versetzte die Sängerin und
deutete auf das Notenpult und ihre Stimme bebte.

— „Es ist noch Jemand hier; es muß Jemand

hier sein," versetzte der Prinz und seine Augen funkelten.

Er stürzte in die Alkoventhüre, riß diese mit Heftigkeit auf, ich hörte einen dumpfen Wehschrei —
einen Fall; dann kam der Prinz wieder, seine Hand
war mit Blut bedeckt. Mit der blutigen Hand schlug
er auf die schneeweiße Schulter der Sängerin und
sagte: „Buhlerin!"

Hierauf verschwand er. Krachend flog die Thür
hinter ihm zu.

Die Neri wurde ohnmächtig und glitt vom Boden auf den Fußteppich hinab.

Dieß Alles geschah so blitzschnell, daß ich gar nicht
zur Besinnung kam und mich der ganzen Scene nur
wie in flüchtigen Umrissen erinnern kann.

Eins habe ich behalten. — Trotz ihrer verschulde-
ten oder unverschuldeten Vernichtung sah das Weib
zu meinen Füßen in ihrem Schmerz doch überaus
reizend aus. Dieser Hals, dieser Nacken, diese pracht-
vollen Locken! —

Ich hatte förmlich den Kopf verloren. Ich wollte
um Hilfe rufen; aber die Stimme versagte mir. Vor
allen Dingen suchte ich die Partitur zu retten, aus der
die Neri ihre Arie probirt; denn sie war anvertrautes
Gut und gehörte dem Hoftheater. Für deren Rück-
gabe war ich verantwortlich.

Ich nahm das schwere Heft unter meinen Arm und verließ so schnell als möglich die Wohnung der schönen, unglücklichen Sängerin. — Ich glaubte im Augenblick, sie müßte gestorben sein.

— Schnell lief ich in die Theaterkanzlei, gab die geliehene Partitur ab und eilte dann hinaus in den grünen Wald, unter die grünen Bäume, wo ich so oft schon Trost gefunden. —

Ich konnte den ganzen Vorfall nicht begreifen, ich hatte keine Einsicht in die Sache. Daß sich etwas Tragisches ereignet, ahnete ich wohl; aber weshalb, weshalb? fragte ich mich wohl tausendmal. —

Die Neri, sagte ich mir, ist doch wahrscheinlich auch eine Lüge, wie es Lottchen und das arme Malchen ist. Ach! Crispin, Crispin, wärest du doch lieber zu Hause geblieben; du hättest dir alle diese Enttäuschungen erspart. — Ja, nur die Todten reden Wahrheit und was lebendig ist, ist Flittertand, wie die Schminke auf den Wangen der schönen Tänzerin.

Da aber sang plötzlich ein Finke auf dem Baume über mir sein Lied, daß es durch die Einsamkeit schmetterte, und das klang so frisch, klar und wahr, daß ich wieder Hoffnung und Lebensmuth faßte. —

Die Erde ist so schön, ist Gottes Werk: warum sie hassen? — Wir Menschen sind im Grunde alle gut, nur mißverstehen wir uns zuweilen. Daher so

viel Unheil. — Wenn wir so eine recht deutliche
Sprache sprächen aus dem Herzen und Gemüthe,
würde es weniger Mißverständnisse geben. Wir würden uns Alle lieben und Gottes und seiner Liebe
würdiger werden. —

Das Abendroth glühte in den Baumwipfeln, die
Grillen zirpten ihr Abendliedchen, Käfer umsummten
mich und suchten in den Blumendolden ihr kühles
Schlafgemach. Rings war ein seliger Friede über die
Natur ausgegossen. —

Wenn Gott es will, dachte ich, wird vielleicht
auch Friede in dein Herz einziehen. Ich habe doch
bis jetzt nichts verschuldet, als daß ich die schönen
badenden Mädchen erschreckt. — Und dieß Verbrechen
ist im Grunde nicht so groß. — Ich wollte mich mit
meines Freundes Wastel Sprichwort: „das bleibt sich
gleich!“ trösten. Heute aber gelang es mir nicht. —

Es drängte mich, meinen Freund Wastel zu sehen,
ihn von dem Erlebten in Kenntniß zu setzen, mich
auszusprechen; hier in der Einsamkeit fing ich doch
nur Grillen. Ich raffte mich empor und eilte in
das Weinhaus, wo er stets seine Abendstunden zu-
brachte.

Im Walde glimmerte noch das Abendlicht, in
den Straßen der Stadt funkelten bereits die Gas-
laternen. Wie schön ist doch der Wald, gegen die

Stadt genommen. Dort Alles Natur, hier Alles
Kunst. Ob die Kunst wohl eine Wahrheit ist? —

Und doch wohl! Sie ist ja auch von Gott gege=
ben, und Alles was der Herr gibt, ist Wahrheit. —

Ich fand Wastel richtig am genannten Orte. Er
saß auf seinem gewöhnlichen Platze in der Ecke der
Hinterstube.

Fast athemlos nahm ich an seiner Seite Platz und
wollte meinem gepreßten Herzen Luft machen.

„Weiß Alles," sprach er und drückte meine Hand,
„bestell' eine Flasche Wein — kannst dann ausreden;
der Prinz Erich hat Wind bekommen, daß die Neri
noch nebenbei mit seinem Adjutanten eine Liebschaft
hat, hat ihn im Nebenzimmer gefunden, und ihm
einen kleinen Dolchstoß versetzt. Ist übrigens nicht
lebensgefährlich verwundet. — Du warst ja dabei.
Im Grunde bleibt sich Alles gleich. — Die Neri
wird vermuthlich gehen müssen. Man wird das
öffentliche Aufsehen vermeiden. — Uebrigens rathe ich
Dir als Freund: sprich von der ganzen Geschichte
nicht, wenn Du nicht höheren Ortes befragt wirst.
Sie berührt die allerhöchsten Herrschaften ungngenehm;
besonders jetzt, wo der Zeitungsscandal, die sogenannte
Oeffentlichkeit, ihnen fatal ist."

„Aber von der Neri," unterbrach ich ihn, „hätte
ich so etwas nie gedacht."

2 *

„Bist ein dummer Kerl," erwiderte er und trank, „hättest die Kleine heirathen, ein Auge zudrücken sollen. Im Grunde bleibt sich Alles gleich. — Hast vielleicht Dein Glück verscherzt. Das findet sich nicht alle Tage. — Warst nahe daran mit der Neri selbst in eine dumme Geschichte verwickelt zu werden. Ich weiß es. — Es ist immer noch Glück dabei. — Mußt ein Mann sein, Dich entschiedener benehmen." —

— „Aber, mein Gott!" rief ich, „wie kannte ich denn Malchen unter den obwaltenden Umständen heirathen. Was hätte die Welt dazu gesagt?"

„Bist ein Narr! Die Welt, was Du so nennst, hätte acht oder vierzehn Tage darüber gesprochen, gewitzelt, gelästert und dann die Sache über einem neuen Ereigniß vergessen. Im Grunde entstehen ja alle Sachen nur um vergessen zu werden. — Ich habe Recht — das bleibt sich gleich. Hättest eine junge, schöne Frau gehabt, auch gutherzig und — merk' Dir's! mit der schönen Stimme bekommt sie noch eine Gage von fünf Tausend Thalern. Das bleibt sich nicht gleich."

„Ja," stöhnte ich und mein Herz war schwer und angstbeklommen; ich dachte dabei an das Malchen mit Wehmuth und an unsere süßen Liebesstunden. —

Es wurde spät, wir mußten aufbrechen und trennten uns unter brüderlichem Händedrucke. —

8.

Es war in Lissabon, einige Tage nach dem Tode des edlen und liebenswürdigen Herzogs von Leuchtenberg, des Gemahls der jugendlich-schönen Maria da Gloria, als Ferrochin, zu dieser Zeit Attachée der französischen Gesandtschaft, mit mehreren Offizieren der Miliz im Gasthof zum Anker bei einigen Flaschen Portwein saß. —

Das Gespräch drehte sich erst um Politik, um Dom Pedro, Dom Miguel und die Königin und den frühen Tod ihres Gemahls; bis es auf die Gräfin D'Estraba überging, die Tochter des Grafen Villaflores, der nach längerer Verbannung nach Lissabon zurückgekehrt war.

„Die Gräfin D'Estraba," rief Ferrochin vom Weine erhitzt und lachend, „ist Niemand Anderes, als eine gewisse Bianca, ehemals Maitresse eines deutschen Barons und vorher noch vieler anderer Leute."

„Sie sind wahnsinnig oder betrunken," entgegnete ein Capitain der Miliz, der an seiner Seite saß, „die Gräfin D'Estraba!?"

— „Mein Gott!" fuhr Ferrochin gereizt fort, „ich habe ja ihretwegen in Wiesbaden ein Duell mit einem verliebten Narren ausgestanden, und kenne sie wie meinen Augapfel." —

Die Uebrigen schüttelten noch immer ungläubig das Haupt, trotz Ferrochins determinirter Versicherung.

In der Ecke des Saales saß von der Gesellschaft fast unbemerkt ein Neger, elegant gekleidet, mit blitzenden Ringen an den Fingern, von fast vornehmer Haltung. — Dieser erhob sich nach Ferrochin's letzten Worten, trat mit einer leichten Verbeugung an den Tisch der Versammelten und sagte: „Meine Herren, Sie wissen, daß ein Neger für den größten portugiesischen Dichter gebettelt hat, als ihn das Vaterland verhungern ließ; sie sollen es erleben, daß ein Neger die Treue für seinen Herrn, der sein Wohlthäter ist, bewahrt, und daß er dessen Schmach zu rächen versteht. — Ich bin der Haushofmeister des Grafen D'Estrada. Sie werden von mir hören!" — —

„Teufel!" brummte einer der Offiziere; „das haben Sie gut gemacht, Ferrochin. Sie kennen den Grafen und seinen Schwiegervater nicht. Das kann zu Schlimmem führen!"

„Teufel!" wiederholte Ferrochin, „ich will mich dieser Bianca, dieser Gräfin, gegenüberstellen und wir wollen sehen, wer von uns Beiden früher erröthen wird. Sie muß es mir noch Dank wissen, wenn ich schweige; sie, die Geliebte eines Andern, war allein die Veranlassung, daß ich den deutschen Edelmann beinahe todt gestochen hätte, und ein anderes Mädchen von demselben Gepräge sich ins Wasser stürzte. Die Sache ist dort so bekannt, daß sie Ihnen jeder Kellner erzählen kann. — Lassen Sie mich nur gewähren, meine Herren! Ich zwinge diese Gräfin, daß sie mich bitten muß, wenn ich schweigen soll. Den Herrn Gemahl und den Schwiegervater fürchte ich nicht — mich schützt mein Gesandter. — Im Tajo liegen ein Linienschiff und drei Fregatten."

— Die Uebrigen widersprachen weiter nicht — man trennte sich. —

In der nächstfolgenden Nacht fand man in der Callo de arboles eine Leiche: es war die Ferrochins; er war mit drei Dolchstichen ermordet. —

Schon am folgenden Morgen wurde ich zu Sr. Excellenz dem Polizeipräsidenten, Herrn von Silberstein beschieden. — Ich erschrak gewaltig bei der Citation. Im Grunde hatte ich nichts verbrochen, aber vor der Polizei empfand ich einen hohen Respect. Recht beklommen und fast zitternd begab ich mich um neun Uhr dorthin.

Ich wurde sofort vorgelassen und befand mich allein mit der Excellenz in ihrem Cabinette. — Der Präsident war ein alter Herr mit weißen Haaren und scharfen, stechenden Augen, die Einem in die tiefste Seele hineinschauen konnten. — Er winkte mir, ihm gegenüber an einem grünen Tische Platz zu nehmen. Mir lag es wie ein Stein auf dem Herzen und die Luft ward mir drückend schwül. —

Der Präsident begann in feierlichem Tone: „Sie waren gestern bei der Kammersängerin Madame Neri?"

„Ja — ja," stotterte ich.

— „Und waren theilweise," fuhr er fort, „Zeuge eines gewissen Auftrittes."

„Theilweise — nur theilweise," wiederholte ich.

— „Sie kamen zu der Dame in der Absicht, eine Partie zu repetiren?"

„Ja — ich war dahin bestellt; es war meine Pflicht — ich bin im fürstlichen Brode."

— „Befand sich irgend Jemand, als Sie eintraten, bei der Madame?"

„Nein, nein; nur schien es mir, daß Jemand durch die Eine Thüre verschwunden sei, als ich kam, dessen Person ich aber nicht erkannte. Es war zu rasch; ich sah nur die Thüre sich schließen. Offenbar, dachte ich, ist es die Kammerfrau der Madame, die sie eben anzukleiden im Begriffe war — nach dem Negligeeanzuge der Dame nämlich zu schließen. — Wir gingen ans Piano —; ja, ich glaubte zu stören

und wollte ein andermal wiederkommen; aber man
befahl mir zu bleiben. Wir probirten sofort die Partie: es waren nur wenige Tacte. Dann mußte ich
auf Befehl der Sängerin, der Madame, ein Lied von
mir singen. Sie hatte Nachsicht und belobte mich
und dann —"

— „Gut," unterbrach mich der Herr Präsident,
„ich sehe, daß Sie wahrhaft sind, und habe daher
ohne in weitere Erörterungen einzugehen, den Auftrag, Ihnen den Befehl mitzutheilen, daß Sie von
dem betreffenden Auftritte weder in Wort noch Schrift
irgend eine Mittheilung thun, so daß er zur öffentlichen Kenntniß gelangen könnte, wenn Sie sich
nicht schwerer Verantwortlichkeit, ja harter Strafe
aussetzen wollen."

— Oeffentliche Kenntniß! wiederholte ich in meiner Seele, der Waftel hat ja gestern Abend schon die
ganze Geschichte gewußt, bevor ich ihm noch ein Wort
davon gesagt, und die Bäume des Waldes können
sie doch nicht weiter geplaudert haben. —

— „Sie sind," fuhr Seine Excellenz fort, „was
ich Ihnen zugleich bekannt zu machen habe, Ihres
Dienstes entlassen."

„Mein Gott!" schrie ich beinahe auf, „ich habe
doch nichts verbrochen!?" —

„Dagegen hat die allerhöchste Gnade geruht, Ihnen

ben stipulirten Gehalt von vierhundert Thalern lebens=
länglich zu belassen, weil Sie sich in der kurzen Zeit
Ihrer Amtsführung durch besondern Fleiß und Pünct=
lichkeit ausgezeichnet haben. Sie können dieselbe in
Ihrer Vaterstadt oder an irgend einem andern Orte
verzehren, und das jedesmalige Quartal bei der löb=
lichen Rentamtskasse erheben. Uebrigens läuft Ihre
Aufenthaltskarte mit dem morgenden Tage ab und
Sie werden daher gesonnen sein, übermorgen die hie=
sige Residenz zu verlassen."

„Tausend Dank!" rief ich, halb erschreckt, halb
erfreut; denn vier hundert Thaler lebenslänglich! auf
ein so großes Glück hatte ich gar nicht gerechnet, und
das Alles umsonst. Ich machte Miene, dem Präsi=
denten die Hand zu küssen, er lehnte dieß ab und
sagte:

„Sie sind entlassen — machen Sie sich durch ein
ordentliches Betragen der allerhöchsten Gnade würdig,
Sie scheinen mir au fond ein ehrlicher Mensch zu sein.
Leben Sie wohl."

— „Gewiß, gewiß," entgegnete ich, „werde ich
mich bestreben, dieser Wohlthat würdig zu sein,"
und verließ, nachdem ich die gehörigen drei Respects=
bücklinge gemacht, rückwärts schreitend das Cabinet. —

— Mir war sonderbar zu Muthe, als ich auf
die Straße trat.

So viel Fährlichkeiten ich in der großen Stadt auch bestanden, so viele Schmerzen ich erlebt hatte, so fiel es mir doch schwer, so bald scheiden zu müssen. Noch hatte ich sie und ihre Kunstschätze eigentlich nicht kennen gelernt und wußte Vieles nur vom Hören= sagen, nicht aus der Anschauung.

Gehorchen mußte ich; mir fiel das Sprichwort ein: Mit großen Herren ist nicht gut Kirschen essen; und ich durfte mir nach solcher gütigen Behandlung nicht die allerhöchste Ungnade zuziehen.

Noch ein Tag also war mir vergönnt, aber die= sen letzten Tag hatte ich auch einen seltenen, großen Kunstgenuß. —

Die herzogliche Capelle nämlich führte am Abend dieses Tages um fünf Uhr im großen Saale des Opernhauses Beethovens C-moll=Symphonie auf. Ich hatte dieselbe noch nie von vollem Orchester gehört. —

Welch' ein Himmel ging mir da auf! Millionen Freuden und Erinnerungen, Wehmuthsgedanken und Seligkeiten zogen durch meine Brust! — Die Thrä= nen traten mir in die Augen. Die Kunst ist, sprach ich zu mir, doch von Gott! — Welch' ein Theil von Unsterblichkeit rollte sich vor mir auf; ja, unsterblich bist du, großer, im Leben so unglücklicher Meister; ewig werden sie leben deine Werke, ja ewig, so lange

das Menschenherz noch ein Born der Gefühle, der
Freuden und Leiden ist, und es wird es bleiben, bis
das letzte Menschenherz stirbt und eine Welt mit ihm
begraben wird!!

Die Ueberschwenglichkeit meiner Empfindungen
trieb mich aus dem Saale. Ich mochte in dieser
Stimmung nicht die darauf folgenden Piecen der
Italiener und Franzosen hören.

Man sagt, wir Deutschen wären in Allem tole-
rant, in der Politik, in der Liebe und in der Religion, nur in der Musik sollen wir intolerant sein.
Aber ich frage, kann man nach einer Beethovenschen
Symphonie mit derselben oder wohl gar gesteigerten
Begeisterung noch das Musikstück der neueren Italiener, die ich übrigens auch zu schätzen weiß, anhören?

Ach! mir flog so unendlich Vieles durch den Kopf:
Lottchen, Amalie, die Neri, der gehabte Schrecken,
mein Glück, das Wiedersehen meiner Heimathstadt,
die Gräber meiner Aeltern und dazwischen brausten
Beethovens Geister- und Götterklänge hinein! —

Wie unendlich weit ist doch die Menschenbrust
und wie unendlich reich der Menschengeist! Der
Mensch wäre ein Gott, könnte er alle Schlacken von
sich abstreifen. Ob er es könnte, ob er es will? Ich
weiß es nicht. —

Ich sehnte mich nach meinen grünen Bäumen

hinaus; mit denen wollte ich sprechen, sie wollte ich
befragen, sie mußten mir Antwort geben.

Saß ja der große Meister, der mich so eben be=
geistert, auch gern im grünen Wald, unter den hohen
Bäumen und dichtete dort seine unsterblichen Lieder
und hörte das Rauschen der Blätter, das Rieseln des
Baches und das Brausen der Zweige und den ge=
waltigen Klang der Natur, aus welchem Gottes
Stimme spricht; als der Arme nämlich noch hören
konnte. —

Ich warf mich unter den Eichen nieder auf das
schwellende Gras und starrte zu ihren sonniggoldenen
Wipfeln empor; da durchsummte mein Gedächtniß
plötzlich ein Lied, ein Gedicht, das ich vor allen liebe.
Es wurde ja gedichtet zu des Meisters Leichenbegäng=
nisse, Christian Zedlitz hat es gesungen aus tief
bewegter Brust, als er, Grillparzer, Seibl und
die andern edelsten Geister Wiens seiner Leiche folg=
ten. Ich trage es im Kopfe; ich kenne noch jedes
Wort, das an seiner frühen Gruft erklungen. Es
lautet:

> „Wohl! so hänget eure Kränze
> An dem heil'gen Hügel auf,
> Und sein glutbeseeltes Auge
> Blicke aus den Sternen d'rauf!

Wollt ihr wissen, wo er schwebet?
Seht der Leier goldnen Schein
Dort am Abendhimmel glänzen,
Bei der Leier muß er sein.

Wollt ihr, wie er aussieht, wissen
Wollt ihr wissen, was er thut?
Ob er, sturmbewegt auf Erden
Nun im Himmelshause ruht?

Auf den Wolken sitzt er sinnend,
Und es greifet seine Hand
In die ungeheuren Saiten,
Zwischen Sternen ausgespannt!

Und es klingen seine Lieder,
Und die Sel'gen stimmen ein!
Und es staunen alle Engel,
Und die Himmel jauchzen drein!

Und sie singen Lob dem Herren,
Lob dem Ew'gen, der die Welt,
Und die Sterne, und die Leier,
Und den Sänger hat bestellt.

Und der Lichtverklärte bleibet,
Wie auf Erden er gethan,
Hochentzückt, doch düster schauend
Jene ew'gen Wunder an.

Wie er war, ist er geblieben:
Kraftvoll, würdig, wahrhaft, rein!
Ja, die edelste der Perlen
Schloß die rauhe Muschel ein!" —

Wie schön, wie herrlich, wie wahr! — rief ich —
auch die Poesie ist von Gott! Im Grunde ist alle
Kunst doch Poesie und von Gott. — Zwar behaupten

die Bildhauer, Maler und Schauspieler, nur sie
allein wären Künstler; aber wir sind es auch, das
behaupte ich mit Stolz, weil dieß Bewußtsein meine
ganze Brust erfüllt. Wir haben ihnen tausend Stoffe
zum Werden gegeben: ja, wir — die Dichter und
Componisten. — Darüber sollte der Streit schon be-
endigt sein. —

Auch der edle Grillparzer hat den großen
Todten gefeiert.

Er läßt ihn im Paradiese erscheinen mit vielen
andern berühmten Todten und spricht:

„Shakespeare winkt ihm mit den Händen,
Zeigt Lope de Vega ihn,
Klopstock, Dante, Tasso wenden
Ihre Blicke freundlich hin.
Einer nur steht noch im Weiten,
Wartet, bis die Flut verrinnt,
Kommt jetzt näher, hinkt im Schreiten,
Kräftig sonst und hochgesinnt.
Byron ist's, der Feind der Knechte,
Mißt ihn jetzt mit stolzem Blick,
Beut ihm schüttelnd dann die Rechte,
Wirft das Auge scheu zurück:
„Bist du gern in dem Gedränge?
Magst du gern bei Vielen stehn?
Sieh dort dunkle Buchengänge,
Laß uns mit einander gehn.“ —

— Ach! wir Künstler thun doch so viel für die
Menschen und verlangen nichts dafür, als ihre Liebe
und ein armselig Stück Brot. — Und Beides

wird uns oft nicht gereicht! — Dieser große Todte,
der schon Millionen entzückt hat, ist erst im Tode ge=
liebt worden. — Ja, die Todten liebt man, wenn
man sie als Lebendige oft gekränkt hat; weil sie für
uns verloren sind, weil wir sie nicht heraufbeschwören
können aus der dunkeln Behausung und zu Lebendi=
gen machen. Wir würden sie doppelt lieben und das
Versäumte nachholen.

Ich glaube, wenn wir häufiger an den Tod däch=
ten, wir würden alle besser sein, würden uns mehr
lieben und die Welt wäre schöner, ein echtes Paradies.

Die Zeit wird vielleicht noch kommen, und dann
wird es auch keine Kriege mehr geben.

— Aber wieder durchtönten mich die Harmonien
und Melodien des Meisters und ich dachte daran,
wie sein Herz so reich an Liebe war und doch nicht
erkannt wurde, weil man dessen Sprache nicht ver=
standen hat. Er ging fast wie ein Fremdling über
die Erde, streute seine Göttergaben über uns aus, an
denen wir schwelgen, während wir den Lebenden ver=
kannten. —

Da fällt mir der Camoëns, der Cervantes,
der Ariost, der Columbus, der Gutenberg und
unser braver deutscher Schiller ein! — Die Zeit=
genossen sind doch oft recht ungerecht, sehr undankbar.
Die Nachwelt soll das Versäumte gut machen. Sie

thut es — durch Grabsteine. Das ist ein trauriger Trost! — Wie oft möchten wir nicht mit Philipp rufen: „Gebt mir diesen Todten heraus!" Aber Keiner ist noch gekommen.

Ob auch die Todten etwas davon wissen, wenn wir sie so auszeichnen, und wie wir sie lieben? —

Vielleicht doch, — es wäre ja grausam! Gott nahm sie in sein Himmelreich und vergönnt ihnen gewiß die Freude, auf die ihnen einst theure Erde, auf jene, die sie geliebt, hinabzusehen. —

— — So war es denn beschlossen, daß ich scheiden mußte, daß ich heut zum letztenmale in meinem Leben vielleicht unter diesen grünen, stolzen und doch so bescheidenen Bäumen lag, und durch ihr goldburchsponnenes Gezweige den blauen Himmel sah, und dieses prangende Schloß drüben und den silberfunkelnden Strom. —

Ja, Scheiden thut weh! Wenn man des Wiedersehens nur sicher wäre und Alles noch so fände, in dem Zustande, wie man es verlassen hat. — Das ist eben das Schlimme! Wie wird es bei mir zu Hause jetzt aussehen. — Lehnchen ist vielleicht schon die Frau eines Andern, Dieser und Jener ist todt; mein väterlich Haus, an das sich so viele süße und heilige Erinnerungen knüpfen, abgetragen und — weiß Gott! was noch All' Trauriges sich ereignet hat.

Das Traurige wiegt ja stets tausendfach das Freu=
dige auf.

Zwei Vorsätze nahmen nunmehr meine ganze Ue=
berlegung in Anspruch. Sollte ich nach Hause gehen? —
Ich schämte mich, so früh zurückzukehren, als wär'
ich so bald der Wanderlust satt geworden, derentwegen
sie mich so oft getadelt. — Ich kam freilich als rei=
cher Mann mit meinem lebenslänglichen Gehalte und
einem Titel wieder und konnte jeden Augenblick hei=
rathen. Aber —; dann drängte es mich wieder, noch
ein Stück Welt mehr zu sehen; ich wollte nach Wien
gehen, in die deutsche Heimathsstadt der Musik, wollte
Beethovens Grab besuchen und an demselben beten.
Das war ich dem großen Geiste eigentlich schuldig.

Ich wog ab und sann hin und her; endlich raffte
ich mich auf, sagte den Bäumen, die schon im tiefen
Schatten lagen, mein Lebewohl, grüßte die Wolken
und auftauchenden Sterne, zerdrückte eine Thräne in
meinem Auge und eilte fort in meine Wohnung. —
Ich wollte meinen Entschluß, die ganze Sache, die
mich erregte, erst beschlafen und dann handeln. —

Ob ich wohl den Wastel noch aufsuche, um Ab=
schied zu nehmen? Es wird dieß auch ein betrübter
Moment sein; denn ich habe ihn herzlich geliebt —
liebe ihn jetzt noch. Sein Amt, seine Pflichten fesseln
ihn hier; sonst müßte er mit mir ziehen.

Unterwegs, dachte ich, wird auch dieser Entschluß vielleicht kommen. Ich eilte mit raschen Schritten der Stadt wieder zu, aus deren Straßen die Gasflammen wie einzelne Lichter emportauchten. —

---

4. *

Mein Freund Göppel fuhr am folgenden Abend als wir trauten Freunde wieder im Hotel de Sare versammelt waren, in seiner Erzählung fort:

„Ich kam nach Amsterdam. Mein Reisegefährte, ein lebenslustiger Kaufmann, veranlaßte mich eines Abends, den sehenswerthen, aber berüchtigten Salon D* zu besuchen. Ich begleitete ihn mehr aus Neugierde, als aus Leidenschaft.

Wir traten in eine weite Halle, die blendend erleuchtet war; der Tanz wogte, die Musik brauste, Männer und Mädchen wirrten durch einander wie Baumblüthen, die der Wind auf einen Strom gestreut.

Ich drückte mich seitwärts in eine Ecke, dem Gedränge zu entgehen. — Da saß einsam, wie von dem ganzen Geräusche abgeschieden, ein schönes Mädchen, mit langen Schlangenlocken, das Haupt gesenkt — gleichsam theilnahmlos an der lauten, bacchantischen, rohen Freude.

3 *

Es waren wohl noch schönere Mädchen im Saale; aber diese Einsame interessirte mich; sie war offenbar die einzige Traurige unter den so offenbar Freudigen.

Ich nahte mich ihr, grüßte sie freundlich und erhob das niedergebeugte Haupt zu mir empor.

Ein Erinnerungsblitz —! — um Gotteswillen! es war mein Veilchen, meine Marie!! —

Ich erkannte sie, sie erkannte mich; sie sprang mit einem Wehschrei empor und stürzte aus dem Saale. —

Ich folgte ihr, wie ein Rasender. Sie eilte in eine Stube des Erdgeschosses. Hier ereilte ich sie.

„Maria!" rief ich, „sind Sie es wirklich oder ist Ihr Bild nur eine bittre Täuschung?!"

Sie sank zu meinen Füßen, umklammerte meine Knie, ihre Locken rollten auf den Boden hernieder, sie schluchzte und weinte in krampfhafter Aufregung.

Ich wollte sie empor heben, aber sie klammerte sich mit Riesenkraft an mich. — Ich rief ihr Trostesworte zu — sie hörte nicht, sie hatte nur Thränen und Seufzer, und ich — mein Gehirn brannte — ich hielt dieß Alles für einen Traum, dessen Pein ich abzuschütteln bemüht sein mußte. —

Aber vor mir lag das vernichtete, hingeopferte Mädchen; ihr weißer Nacken war zu meinen Füßen, ihr prachtvolles Haar rollte um ihr Antlitz, ich hörte ihr Schluchzen, ihr Stöhnen.

Sie war es doch — meine Marie, meine ange=
betete Marie — das schüchterne Veilchen von Friedberg!

„Meine Herren!" fuhr Göppel fort, „ich will
mich von nun an kurz fassen: die Sache ist für Sie
vielleicht interessant, aber für mich peinlich. Es wäre
häufig besser, dasjenige sich erzählen zu lassen, was
man selbst erleben muß. Ich nehme selbst manchmal
die Freude nicht aus, die aus einem fremden Munde
oft besser und schöner klingt, als wenn man sie
miterlebt hat." —

Mit einem Worte: Mariens Oheim und Adoptiv=
vater hatte sie wider ihren Willen an einen schon be=
jahrten, reichen Mann seines Glaubens, dem er be=
sonders wohlgewogen war, weil dieser sich durch Re=
ligiosität auszeichnete und als Gemeindevorsteher eines
besonderen Vertrauens genoß, vermählt. —

Sie gehorchte, wenn auch unter Thränen; — ich
glaube an diese Thränen, seit ich die gesehen, welche
sie jetzt, welche sie damals geweint — sie gehorchte
aus Dankbarkeit. — Und Dankbarkeit ist eine
Tugend!

Der Oheim starb drei Monate nach ihrer Ver=
mählung, sein ganzes Vermögen übergab er dem
Schwiegersohne, einem sonst tüchtigen Geschäftsmanne.

In unglücklichen Speculationen verlor dieser bin=
nen einer halben Jahresfrist nicht nur sein, sondern

auch seiner Frau Vermögen. Er mußte flüchtig wer=
den — man sagt: — er ging als Supercargo nach
Batavia. —

Maria blieb in Schmach und Entbehrung zurück.
Was sollte sie beginnen? Betteln wollte sie nicht,
und die schöne Pointrice aus dem wießbadner Kur=
saal wollte nicht von Haus zu Hause gehen und um
Arbeit bitten, Dienstmagd werden. —

In solchen Situationen, ist die Armuth ein Ver=
brechen, weil sie zum Verbrechen führt. Wer hat
den Muth einen Stein aufzuheben? — Ich werfe
keinen nach diesem rührenden Erinnerungsbilde! —

Aber ich will mich kurz fassen, meine Herren! —
Es thut mir Leid, daß ich diese Scene nicht in einem
glänzenden Salon unter Hofrathstiteln und Ordens=
sternen beendigen kann. Dort ist vielleicht manche
Lüge Wahrheit und wird als solche anerkannt.

Bei uns, der Canaille, — wie man uns nennt,
nicht, so leicht nicht; aber das ist Geschmackssache. —

— Ich komme zum Ende; meine Herren! Ich
selbst bin reich und predige das Unglück der Armuth,
bin ein Evangelist der Armen. — Schelten Sie mich
einen Thoren, weil ich empfinde, weil ich noch füh=
len, weinen und trauern kann. Die neuere Philo=
sophie sagt ja, man soll nur denken, kritisiren, ana=
lysiren und reproduciren. — Ich halte es einmal mit

meiner Philosophie: sie hat mir Thränen gegeben für Veilchens, für meiner guten Maria Schicksal. —

Zwar war ich reich, der störrisch = jüdische Onkel lebte nicht mehr, ich war frei, unabhängig — Maria hätte sich für mich in den Zuydersee gestürzt, also viel leichter noch die Taufe ausgehalten: aber die Welt — wissen Sie, was die Welt heißt? — Das Urtheil meiner Bekannten, meiner Verwandten, unsre beiderseitigen Erinnerungen! Es war unmöglich! Erinnerungen sind entweder Liebesgötter oder Eryn= nien, sanfte Lotosblumen oder rauhe Dorngebüsche. — Marie war selbst in diesem Hause gewiß tugendhaft geblieben. —

Warum, warum? frage ich Sie, meine Herren, hat der Mensch eine längere, eine tiefere Erinnerung für die gehabten Schmerzen, als für die erlebten Freuden. Ist der Schmerz unser Erbtheil und die Freude nur unser Gewinn? —

— Aber ich wollte ja mit meiner Erzählung zu Ende kommen! —

Vor Allem schaffte ich Veilchen = Maria aus die= sem Hause, noch dieselbe Nacht. Sie bezog eine Stube in demselben Gasthof, wo ich wohnte. Vor den Dienstleuten erschien sie als meine Schwester. Ich sorgte ihrem Stande, ihrer Bildung gemäß für ihre Bedürfnisse. —

Acht Tage nach der erlebten Catastrophe erschien
der Schiffscapitain van der Scroop — er hatte
Marie als Mädchen gesehen, sie geliebt, um ihre
Hand angehalten, jedoch kein Jawort erhalten. Er
liebte sie, er kam noch einmal und bat, sie möge seine
Gattin werden. Er war nicht schön und jung, aber
ehrenwerth und treuherzig; er wußte nichts von Ma=
ria's Prostitution, er war im Begriffe, binnen Kur=
zem nach Ostindien abzusegeln. Ich selbst gab Ma=
rien — von welcher mich nunmehr alle Lebensverhält=
nisse trennten — den Rath, seine Hand anzunehmen.
Sie gehorchte mir unter tausend Thränen. — Sie
heirathete in wenigen Tagen und ging mit ihrem
wackern und wie es schien, reich beglückten Gatten an
Bord seines Schiffes, die „Syrene.“ — Der Ab=
schied von mir war herzbrechend. — Van der Scroop
wußte es, daß ich Mariens erste Liebe gewesen; wir
sagten ihm, wie es nur bürgerliche und Religions=
verhältnisse seien, die uns trennten. Er war allein
glücklich durch ihren Besitz, wußte er gleich, daß zur
Zeit ihr Herz noch mir gehörte. Er hoffte auf den
allmächtigen Einfluß der Zeit, diese sollte ihm helfen,
ihre Liebe zu gewinnen. —

— Dieß, meine Herren, ist das Ende meiner Her=
zensangelegenheit, die so idyllisch begonnen und so
tragisch für mich geendigt hat. — Sie werden alle

diese Ereignisse vielleicht für Bagatellen halten; aber
was so tief ins Leben schneidet, ins innere Herz, ist
keine Bagatelle für den leidenden Theil.

Hier haben Sie zugleich die Antwort auf Ihre
Frage, weshalb ich bisher immer noch unvermählt
geblieben bin.

— Jetzt noch einen kleinen Nachtrag zu meiner
Geschichte und dann lassen Sie uns zu der dampfen=
den Bowle übergehen, welche unserer harrt. —

Ich kam im Verfolg meiner Reise wieder nach
Friedeberg. Es drängte mich, das zweite Veil=
chen zu sehen. Ich erkundigte mich nach ihr. Sie
lebte glücklich mit ihrem Gatten. Beide hatten sich
taufen lassen, und freiwillig, und wie ich glaube aus
Ueberzeugung das gethan, was Marie für mich, für
unser Lebensglück nicht konnte und wollte. —

Ich sah die junge Frau, sie war wunderschön.
Ich sprach mit ihr in Gegenwart ihres Gatten, frischte
mich in ihrer Erinnerung wieder auf und erneuerte
ihre Bekanntschaft.

Ich brachte ihr Kunde von Marie, von der sie
Jahre lang nichts vernommen. Ich erzählte ihr Alles,
unser Liebesverhältniß, unser beiderseitiges Unglück;
nur Maria's Prostitution verschwieg ich ihr. Die
schöne Frau vergoß reiche Thränen bei meiner Erzäh=
lung. Ihr war der Schritt zum Christenthume so

leicht geworden; sie konnte es nicht begreifen, wie
mir Maria's Onkel solche Hindernisse in den Weg
legen konnte, zumal da Marie doch Jüdin bleiben
konnte. — Und doch war es so; der Menschenwille
ist häufig starrer, als das Schicksal. —

Einen ganzen Tag verlebte ich im Kreise dieser
guten Leute und nahm dann herzlichen Abschied auf
freudiges Wiedersehen. Das Friedeberger Veilchen
hatte in der Taufe seinen Namen in den gleich wohl-
klingenden Flora verwandelt. — Aber jetzt, meine
Herren, ist es höchste Zeit, zu unserer Bowle zu
schreiten. —.

„Aber wer erzählt uns denn Morgen etwas?"
fragte Einer aus der Gesellschaft.

„Hier unser Freund," sagte Göppel und deutete
auf mich, „an ihm ist ja nunmehr die Reihe."

— „Ich?" versetzte ich überrascht, „mein Leben
ist gerade nicht ereignißreich und läuft nicht weit über
die Schreibstube hinaus. Indessen — es sei! Ich
erzähle Euch morgen eine drollige Geschichte, die ich
vor ein paar Jahren in Alexanderbad erlebt
habe. — Und nun zur geheiligten Bowle und abwechselnd gibt Jeder ein Lied zum Besten. Amen!"

5. *

Es war, wie gesagt, in Alexanderbad. Gleich im
Augenblicke, wo ich ankam und im Logirhause abstieg,
fand ich eine alte Bekannte, die ich seit zehn Jahren
nicht gesehen, Frau von Schnubel aus Treuen=
brietzen. Sie machte ihre Anwesenheit sofort dadurch
geltend, daß sie sogleich, als ich mit meiner Reise=
gesellschaft — einer Dame und zwei Herren. — aus
dem Wagen stieg, ihr Kammermädchen in die Schreib=
stube des fürstlichen Verwalters hinabschickte, wo wir
unsere Pässe abgegeben, und fragen ließ, wer wir
eigentlich wären.

Trotz dem freute ich mich in dieser so schönen und
romantischen Einsamkeit auf das Wiedersehen der Frau
von Schnubel. Sie war bereits über sechszig Jahre
alt, folglich nicht gefährlich und nicht geeignet, mir
heftige Leidenschaften einzuflößen. Aber ein deutscher
Dichter schwärmt bekanntlich selbst auf Ruinen und
das heidelberger Schloß mußte Matthison Stoff
zu seiner schönen Elegie liefern.

Ich traf die Dame Abends im sogenannten Kur=
saal, vor welchem eine Gesellschaft eislebener Berg=
musikanten Straußische Walzer spielten. Frau von
Schnubel war eben so erfreut, wie ich, als sie mich
sah. Wir hatten in Berlin mit einander ästhetische

Vorlesungen besucht und darin Duette geschlafen. Sie erzählte mir sofort, noch bevor wir uns zur Tafel setzten, mit redseliger Zunge die neuesten Ereignisse aus den Salons von Treuenbrietzen und einige berliner hochwichtige Theaterbegebenheiten. Noch immer war Gern, der Sohn auch einer Mutter, ihr Abgott, und Rüthling Herrscher des Reiches. Als ich auf die Periode der Sonntag und der damaligen Oper in der Königstadt zu sprechen kam, vergoß sie Thränen. — Auch die meinigen flossen: ich hatte' einen entsetzlichen Hunger.

Endlich kam die Zeit, wo wir uns setzen durften: Denn bevor seine Durchlaucht, der Fürst — übrigens ein leutseliger Herr — nicht erschienen war, durfte man nicht Platz nehmen, obgleich man daselbst für sein Geld lebte. Auch mußte man sich sofort erheben, sobald Durchlaucht die Tafel aufzuheben geruhten: dieß wünschte der Fürst vielleicht nicht, aber der Oberkammerherr von Spindelbein machte es den anwesenden Fremden bemerklich in gebieterischem Tone. Man war hier gewissermaßen sein eigener Wirth und doch Gast. Dießmal erschien die Durchlaucht nicht; aber der Kammerherr, und gab durch eine Handbewegung das Zeichen, daß man sich setzen dürfe und sofort brachten die Kellner die magern Cottelets mit Salat und Pflaumenmuß.

Auch meine Reisebegleiter, die inzwischen Toilette gemacht, erschienen; Frau von Schnudel aber riß sich von meiner Seite los und ihre Hand aus der meinigen und stürzte an das andere Ende des matt erleuchteten Saales, an die obere Seite der Tafel, wo der Adel saß.

Wir erhielten das untere Ende — einen bürgerlichen Platz. Das Souper war frugal, wahrscheinlich, weil es die Badediät so vorschrieb. —

Weil aber meine Reisebegleiter und ich kerngesund waren, so genirten wir uns nicht, leerten ein paar Flaschen Rothwein und darauf zwei Flaschen Champagner.

Die obere Ecke erhob sich sofort, stellte sich mitten im Saale in einen Kreis und pflog Conversation. Es waren an zwanzig Damen darunter, aus der nahen Residenz und der Stadt, welche dem Lande den Namen gibt: Alles, was sich der Sonne des Hofes nahen und in ihren Strahlen wärmen durfte. Acht bis zehn wunderschöne Mädchen bemerkte ich, meist in Rosakleidern, mit Tändelschürzen, lachend, plaudernd, liebenswürdig; nur mit ängstlicher Scheu unsere Nähe meidend, wie der Bramine den Paria meidet. —

Wir fühlten es, sie wollten allein sein; es sollte noch getanzt werden und da waren wir als Theil-

nehmer, oder selbst als Zuschauer lästig, störend. —
Also gingen wir; denn obgleich sich auch der Sprache
nach Preußen und Hannoveraner in der gedachten,
vornehmen Gesellschaft befanden, so bildeten sie gewissermaßen nur eine Familie.

Meine Reisegefährten gingen ins Logirhaus und
zu Bette; ich schwärmte noch ins Freie hinaus und
wanderte an der Heilquelle vorbei durch den reizenden
Thalkessel hin, worin Alexanderbad gelegen ist. Zwar
war der Himmel mit Wolken überhangen, aber der
Mond schickte dazwischen häufig blitzende Streiflichter
über die Berge und malte phantastische Gebilde. Die
Bäume oben wiegten sich von der warmen Nachtluft
bewegt wie in wonnigen Träumen und summten
Schlummerlieder und sangen sie dem reizenden Thal-
kinde zu. —

Es war eine wunderschöne Nacht. Ich wollte
meinen Spaziergang bis zum Eisenhammer am Ein-
gange des Thales fortsetzen, aber ein heraufziehendes
Gewitter trieb mich wieder zurück, auch sank der
Mond über die Siegershöhe, einem reizenden Berg-
und Aussichtspunkte hinab und es wurde immer
dunkler. Ich fürchtete mich zu verirren und schlug
daher den Rückweg ein. —

Mein Reisegefährte lag schon im Bette. Wir

mußten, da Alles besetzt war, ein gemeinschaftliche?
Zimmer bewohnen.

Dicht neben an — die Stuben sind nur durch
dünne Breterwände geschieden — hörte ich zwei Damen sprechen. Mein Gefährte hörte sie nicht; denn
er war stocktaub, und ich unterhielt mich mit ihm
durch Zeichen, die er mich gelehrt.

Die beiden Damen, der Stimme und dem Gespräch nach zu urtheilen — waren Mutter und Tochter. Sie unterhielten sich in französischer Sprache.
Die ältere wandelte in der Stube auf und ab und
schlurfte bei jedem ihrer Schritte mit den Pantoffeln
so regelmäßig, wie der Pendel einer Wanduhr. Die
Jüngere antwortete und plätscherte dazwischen im
Waschbecken. Vermuthlich wusch sie vor dem Schlafengehen Gesicht und Arme. — Ich lauschte dem Gespräche: das Französische war nicht originell, besonders machte Mama grausame Verstöße, sogar gegen
den Meidinger.

„Je tois dis," sagte sie und ihre Pantoffeln
schlurften, „que cela ne sera rien avec ce Baron, qui — "

In diesem Augenblicke klirrte ein Glas und di?
Wasserkaraffe zerschmetterte auf dem Boden.

„Sieh man die verdammte Jans," rief plötzlich
die ältere Dame in gesundem berliner Deutsch, „zer-

schmeißt sie mich die Flasche! Das kostet gewiß zehn
Silbergroschen, wo nicht mehr."

— „Aber Mutter!" antwortete die Tochter, „ge=
niren Sie sich doch wegen der Fremden nebenbei, die
Allens hören. Ich kann ja nicht dafür, mein Hemd=
ärmel blieb, als ich nach dem Handtuch griff, an der
Flaschenöffnung hängen und hat das Zeug herabge=
worfen. Das Unglück läßt sich doch noch ertragen!"

„Ja, Du hast gut reden," entgegnete die Alte
und die Unterhaltung ging wieder abwechselnd franzö=
sisch und berlinerisch weiter; „aber Geld geht d'rauf.
Die Fremden da drüben schlafen zudem, der eine hat
schon vor einer Stunde geschnarcht. — Wie gesagt —
um auf Deinen Herrn von Neumann zu kommen,
der mit seinem Weltschmerz und viel anderen dum=
men Krankheiten, so sage ich Dich, es wird nichts.
Er mußte sich schon längst erklären. Du machst ihm
förmlich die Cour und darüber entzieht Dich der junge
Oberförster, der auch reich und von Adel ist. Sonst
schnappt Dich ihn die kleene Fräulein Baßler weg,
die im Grunde noch ein Kind, vielleicht erst achtzehn
Jahre ist. Die Mutter sollte sich schämen. Er macht
ihr effectiv den Hof, sie zischeln sich in die Ohren. —
Zudem ist — glaube ich — der Neumann von ganz
jungem Adel. Bedenke, daß Du ein Fräulein von
Stinte bist; die Stinte's sind von altem Geblüte!"

„Das ist Alles recht gut, Mama," versetzte die
Tochter eifrig; aber ich bin schon acht und zwanzig
Jahre alt und muß einen Mann haben. Daß sich
alle andern Partien zerschlagen haben, daran sind im
Grunde nur Sie Schuld, mit Ihrem Eigensinn.
Wenn nun einmal der Oberförster nicht will und in
die Basler verliebt ist, so kann ich ihn doch nicht
zwingen, mich zu heirathen. Lassen Sie mich nur
mit dem Neumann verfahren — ich kriege ihn schon
'rum. Bedenken Sie, er hat viel Vermögen! Und
was seinen Weltschmerz betrifft, so werde ich morgen
mit dem fürstlichen Leibarzt darüber sprechen: Der
muß doch zu kuriren sein."

„Ich sage Dich," fuhr die Alte fort und ihre
Pantoffeln schnurrten wieder, „er ist ein Narr und
kommt man noch in die Charitee. Jeld hat er, das
is wahr. Aber nimm Dir in Acht, daß es Dich
nicht wieder so ersieht, wie mit dem Grafen Stürzel,
der Dir auch sitzen ließ."

„Ich weiß, was ich weiß," eiferte die Tochter,
„kommen nur Sie mir nicht in die Queere. Der
Neumann ist in mir verliebt; wenn seine Krankheit
„der Weltschmerz" nicht wäre, hätte er's mir auch
längst gestanden. Dießmal irre ich mir nicht; nur
gesund muß er man erst sein."

„Warum gibst Du Dich denn," fragte die Mut-

ter, „keine Mühe mit den Oberförster; er ist doch
gesund und viel schöner, als der Neumann, auch reich.“

— „Aber Mama, ich hab' es Ihnen doch schon
gesagt, daß er nicht will und daß ich ihn doch nicht
zwingen kann.“

— Die Unterredung, so pikant sie war und mich
auf die persönliche Bekanntschaft der Damen neugierig machte, fing endlich doch an mich zu langweilen;
es schien der Streit zwischen Mutter und Tochter
kein Ende nehmen zu wollen. Ich wünschte zu schlafen, ich war müde.

Um ihnen dieses bemerklich zu machen, intonirte
ich — den sie längst schlafend dachten — die Schlum-
merarie aus der „Stummen von Portici“ und sang
sie mit voller Brust durch bis zum Schlusse.

Die Damen erschraken wahrscheinlich und ver-
stummten für einige Zeit; ich hörte sie zischeln; —
dann aber — sie mochten wohl gedacht haben, ich
sänge im Traume — wurde die lebhafte Unterhaltung
in: „Ich sage Dich,“ und „aber liebe Mama,“
wieder laut fortgesetzt. —

Da sang ich die Arie aus dem „Barbier,“ die
aus der „Zauberflöte,“ aus „Robert dem Teufel;“
Alles erfolglos; da aber kam mir plötzlich der Himmel zu Hilfe. Das Gewitter hatte sich von zwei
Seiten über den Thalkessel gelagert und entlud sich

über demselben in seiner ganzen Furchtbarkeit. Ich
habe weder in den steyrischen Alpen, noch im Rie
Gebirge ein ähnliches Unwetter erlebt. Der Dom
wiederhallte im hundertfältigen Echo aus den Schlu
ten des weiten Gebirges, taghelle, blendende Bli
durchzuckten die Nacht und wurden in meiner Stu
um so sichtbarer, als die wohllöbliche Badedirectio
vergessen hatte, dieselbe mit Fensterladen oder Gard
nen zu versehen. Wie ein Feuerballen fuhr der Blitz
strahl oft vom Himmel nieder; das hölzerne, ziemli
große und feste Gebäude dröhnte in allen seinen
Fugen. —

Ich hörte die Nachbarin brüben noch angstbeklom=
men sprechen: "Ach Jotte doch, Justchen! wenn es
man nur nicht bei uns einschlägt: geh' zu Bette und
bete ein Vaterunser."

Dieses schien nach den Bewegungen und dem
Krachen der Bettstellen auch zu geschehen. —

Inzwischen erwachte mein tauber Schlaf= und
Stubengenosse; er schien ausgeschlafen zu haben. Er
sah die leuchtenden Blitze und rief ängstlich mir zu=
"Carlos!" — so nannte er mich, ich ihn Posa,
"donnert es auch?"

Ich sprang aus dem Bette, machte Licht, um
mich meinem Gefährten, der nicht einmal den Donner
hörte, durch die Fingersprache verständlich zu machen

und erzählte ihm durch die Finger, zu seiner größten Ergötzlichkeit, den Inhalt des von mir belauschten Gespräches. Er lachte hell auf, während die Damen nebenan in ihren Betten bei jedem neuen Donnerschlage laut aufkreischten. Es war in der That eine heillose Nacht. Ich glaubte, die alten Berge müßten jeden Augenblick versinken, so furchtbar dröhnte und wiederhallte der Donner. —

Nachdem das Wetter beinahe zwei Stunden getobt, mein Gefährte blos die Blitze gesehen und sich an ihrer wechselnden Färbung erfreut, die schlaflosen Damen aber eine peinvolle Zeit unter Seufzen und Kreischen durchlebt, folgte ein gewaltiger Regen, der sich wie eine Sündflut herniedergoß und den Badeort, welcher bekanntlich nur aus fünf oder sechs Gebäuden besteht, verschlingen zu wollen schien. Durch die Breterbedachung unsers Hauses drang das Wasser, auf dem langen Corridor vor unsern Zimmern flutete es. Es schien beschlossen, wir sollten entweder durch Feuer oder Wasser untergehen. Doch Keines von Beiden geschah glücklicher Weise. —

Der Name Neumann, welcher in der Unterredung der Damen so oft vorgekommen, war mir auffallend. Ich kannte einen Herrn von Neumann von Berlin her, ich hatte dort mit ihm dasselbe Haus bewohnt und stand mit ihm auf vertrautem Fuße.

Die Stinte's kenne ich zwar auch, aber nur von der Spree her und nicht aus der Weltgeschichte. Ich habe sie sogar einmal im Hotel de Brandebourg an der Tafel mit einer Buttersauce gegessen, nämlich die Stinte aus der Spree, die zierlichen kleinen, stecknadelgroßen Fische und nicht etwa die abeligen Stinte's. Welchen Namen sie in Oken's Naturgeschichte führen, weiß ich nicht; aber ein jeder Berliner wird mich verstehen, wenn ich sage: Stinte!

An Schlaf war bei diesem Unwetter nicht zu denken; ich rückte daher das Licht an mein Bett, nahm ein Buch und las, während sich mein Wandergefährte in Folge meiner Erzählung mit halblautem Lachen erfreute.

Inzwischen hatte das Wetter ausgerast, die Sonne ging schon um vier Uhr auf, drückte Gewölk und Nebel siegreich nieder, färbte die Bergkanten mit Purpur, und ein milchblauer Himmel schimmerte bald über dem Thale von Alexanderbad. —

Mich litt es nicht mehr im Bette, ich klingelte und bestellte Kaffee. Das artige, reinliche Mädchen der Hausverwalterschaft brachte ihn auch sofort zur Stelle. Des Gewitters wegen hatte die Dienerschaft auch die ganze Nacht gewacht und war eben beschäftigt das eingedrungene Wasser aus dem überschwemmten Corridor und den Stuben mittelst Besen und Waschlappen hinauszufluten.

Während ich meine Cigarre rauchte und mein Freund sich ankleidete, summte mir noch immer der Name Neumann im Kopfe herum.

Der Neumann, welchen ich kannte, war ein junger, gesunder, lebenslustiger Mensch; hatte Vermögen, war unabhängig. Wie sollte dieser zur Krankheit, zum Weltschmerz gekommen sein? fragte ich.

Er schrieb zwar bisweilen passable Gedichte, aber meist heiterer Art. Sollte die neuere poetische Richtung, dachte ich, auf ihn eingewirkt, sollte eine unglückliche Liebe ihn zum Elegiker gemacht haben? Ich mußte mich seiner Person vergewissern. — Als endlich die Sonne über die Berge herniederblickte und ihr warmer Odem die Wege und Fußpfade des Thales zu trocknen begann, eilte ich auf die Promenade nach der Brunnenseite zu, wo es bereits lebendig zu werden begann.

Und richtig —; doch, meine Herren! es ist schon spät, die Fortsetzung folgt morgen. — Göppel hat so eben den Ananas=Cardinal gebraut, was er meisterhaft versteht. — übergehen wir zu diesem. Sechs Flaschen Rheinwein, eine Flasche Burgunder zum Färben, eine Flasche Champagner, ein Pfund Zucker, die Ananas in Scheiben geschnitten und zwei bis

drei Stunden gezogen, abgeklärt: ein herrliches Ge=
tränk. Wohlan! —

9.

Schöneck reiste von Straßburg über Karlsruhe
nach Heidelberg und so weiter seiner Heimath zu,
wohin ihn der alte, kranke Großvater berief. Auf
einer der Zwischenstationen vor Heidelberg hielt der
Kutscher vor dem Chausseehause. Schöneck machte
sich bereit das Weggeld zu bezahlen. Durch das Fen=
ster des Häuschens unter dem Schlagbaume wurde
die bekannte Stange mit dem Klingelbeutel heraus=
gesteckt. Schöneck legte die sechs Kreuzer hinein und
warf zugleich den Blick mechanisch nach dem Fenster.

Er schrie laut auf —: der den Stock hielt war
Niemand Anderes als der Baron Schneck. Beide
erkannten sich. Schneck zog den Beutel herein und
buckte, wie vom Blitz getroffen, hinter dem Tische
nieder. Schöneck befahl fortzufahren und rollte auf
der Chaussee dahin. — Er wollte seinem ehemaligen
Bekannten die Beschämung ersparen; wozu half auch
eine Unterredung? Daß Schneck von seinem Oheim
gewissermaßen enterbt war, wußte er bereits; aber in
diesem Chausseehäuschen hätte er ihn doch nicht ge=
sucht. — Daß Schneck eigentlich nichts gelernt, wußte

Edgar ebenfalls. Aber dieß sonderbare Begegnen verstimmte ihn, er grollte dem Schicksal und seinen Lebensconflicten; er gedachte Bianca's und fragte sich, wie werde ich sie dereinst im Leben wiedersehen. Sie war gefallen und stieg so plötzlich — sie konnte wieder fallen. Der irdische Wechsel liebt rasche schmerzhafte Uebergänge. — Er bedauerte den Baron, er hätte gern von seinem Reichthum mit ihm getheilt, aber er hätte ihm, nachdem er seine Beschämung gesehen, vielleicht nur wehe gethan. Und im Grunde widmete sich der Baron, der von dem Vermögen seines Onkels gepraßt und geschwelgt, nunmehr doch einer nützlichen Thätigkeit. Freilich war seine gegenwärtige Stellung himmelweit verschieden von der ehemaligen. Aber, warum hatte er nichts gelernt? Wo blieb nunmehr die reizende Bianca, wo der Roulettisch mit den Haufen Goldes, wo der Champagner in Eis? — Indessen — das Schicksal ist trotz seiner Wechsellaunen manchmal gerecht, indem es bessert. Vielleicht heirathete der Baron Schneck eine züchtige Predigers= oder Schulzenstochter, zeugte Kinder und erzog diese zu nützlichen Staatsbürgern. Dieß war ein Gewinn mehr für die Menschheit, als Schneck's fortgesetzter Müßiggang und sein Verschwenderthum.

Wie Schöneck später erfuhr, mußte Schneck jede

Hoffnung, den Onkel bereinst doch noch zu beerben, aufgeben; denn der Letztere hatte inzwischen in seiner Ehe noch zwei Knaben erzeugt, die, so wie ihr ältester Bruder, kerngesund waren, und sonach konnte Schneck auf ein Aussterben der Linie gar nicht rechnen. —

— Edgar setzte seine Reise über Darmstadt und Frankfurt fort. Wiesbaden vermied er. Der Ort umschloß in seinen Mauern zu viel wehmüthige Erinnerungen für ihn. Wohl hatte er versprochen, Angelinens Grab wieder zu besuchen, aber er mußte eilen, um vielleicht an einem frischen Grabe, dem des todtkranken Großvaters, zu weinen. Der milde, sanfte Greis war in der That, nach dem vertraulichen Briefe seines Arztes an Edgar, dem Tode nahe.

Edgar wollte noch einmal die Hand seines Wohlthäters küssen und deren Segen erhalten, bevor sie für ewig die Erde bedeckte. — Man sagt zwar, den Eidbrüchigen wachse die Hand aus der Erde heraus, von den Segnenden aber hört man es nicht. Vielleicht sind die Sterne des Himmels ihre Liebesblicke. Ich glaube es! Im Anblick des Sternenhimmels habe ich stets meinen Trost gefunden. Der ungeheure Sternenraum erfüllt den Zweifler mit der Furcht der Vernichtung; aber dem Gläubigen gibt er die Gewißheit

der Fortbauer. Unser Leben kann nicht eine vergeb=
liche Existenz, ein zufälliger Moment gewesen sein!
Verjüngt, erneuert sich ja jede Blume! Und der
Mensch, des Schöpfers schönste Blume, sein Eben=
bild, sollte für ewig untergehen? —

Dieß waren Edgars Gedanken, als sie an das
Krankenlager des scheidenden Greises flogen. — Die
Ungeduld trieb ihn, in Frankfurt seine Pferde zurück
zu lassen und dann selbst für die weitere Reise Cou=
rierpferde zu nehmen.

Ich wanderte, wie gesagt, aus der Residenz, zwar
schweren Herzens, doch leichtern Sinnes, als ich ge=
kommen. Ich hatte ja die Zeit der Prüfung hinter
mir. Mehr wollte ich nicht — nur Ruhe, Frieden
und Arbeit. Ich machte die nothwendigen Dankes=
visiten, vergoß manche Thräne, schnürte mein Bündel,
griff zum Wanderstabe und schlug den Weg nach
meinem Geburtsorte ein. Dorthin wollte ich vorerst,
wollte sehen, ob es mir in der Heimath wieder so
heimathlich sein würde nach dem rauschenden Residenz=
leben, nach den großen und glänzenden Erinnerungen.
Dort auch sollte sich's entscheiden, ob ich bleiben oder
weiter in die Welt, vor Allem nach Wien, ziehen würde.

Ich wählte zur Rückkehr einen andern Weg, als den vorigen. Ueberall auf den Chausseen begegnete mir ja der Luxus und in seinem Gefolge die Lüge, und dieß mußte mein krankes Herz mißstimmen.

Ich pilgerte dießmal also am rechten Ufer des Stromes dem fast zwanzig Meilen entfernten Bordorf zu, nach meiner Weise, zu Fuße, und schlug, selbst wenn es einen Umweg galt, Feldwege und Fußsteige ein, von Dorf zu Dorf, und wo es schön war, wo mir ein stattlicher Kirchthurm, Berge, Baumgruppen, ein Weiher, ein rauschender Wasserfall, ein wohnliches, reinliches Gasthaus winkten, da rastete ich und freute mich über Gottes schöne Welt. —

Es war inzwischen Sommer geworden, die Nachtigallen brüteten, die Aehren auf den Feldern färbten sich, die Bäume hingen voller Früchte. Ueberall purpurne Kirschen zwischen grünen Blättern, an den Waldrändern duftige Erdbeeren im Grase, Blumen vollauf — all überall Gottes Segen ausgestreut. — Wie waren die Rosen so schön und die Lilien, wie Lottchen einst, wie Malchen, wie die Neri, die prächtige Frau. — Und am Himmel schifften weiße Wolken dahin unter seinem freundlichen Tiefblau, und das Roth der scheidenden und aufgehenden Sonne färbte die Berge und Felsen und Waldkronen; dann klang das Abend- und Morgengeläute von den

Thürmen der fernen Dörfer so wonnig, so lieblich
wie Kindermährchen.

Manchmal kam auch ein Gewitter und grollte und
tobte über den Bergen und warf seine Blitze in die
majestätischen Häupter der Eichen, als wollte es sie
demüthigen, weil sie so kühn zum Himmel empor-
streben. Da flatterte der Baum empor, wie eine
Feuersäule, die den dunklen Horizont röthete und die
Phantasie konnte sich leicht einen Waldbrand ver-
gegenwärtigen. —

Dann kam wieder der Mond, der Freund aller
Liebenden, aller Gräber, der milde Tröster und Hoff-
nungsspender und schimmerte auf den Blättern der
Silberpappeln und glänzte im Weiher und in den
Fenstern der Berghäuser und auf den Dächern der
Thürme und hüllte die Wälder in magisches Licht
und schwamm wie ein Geist auf den Wasserfällen
und den brausenden Wehren der Flüsse. —

Die Glühwürmer aber zogen wie lichte Gedanken
durch die Gebüsche von Zweig zu Zweig und ver-
kündeten mit ihrem Glanze, daß sie lieben und geliebt werden.

Es war die schöne Johanniszeit, wo Mensch
und Thier und Blume sich freuen in Wonneseligkeit.

Ich konnte selbst den Fröschen nicht zürnen, wenn
sie im Teiche unter den Fenstern meines Wirthshauses

ihr Concert hielten. Das Schicksal hat ihnen einmal
diese Stimmen, dieses monotone Organ oder — ihre
Sprache gegeben. Und in dieser Sprache drücken sie,
wie jedes andere Geschöpf, ihre Lust und Freude aus.

Im Grunde loben wir Alle den Herrn, wenn auch
oft unbewußt. Jeder kann nicht dichten und singen,
sonst wäre, wenn die Menschen noch dazu alle gut
wären, das ganze Leben ein Lobgesang des Herrn! —

Meine Heimreise dauerte über vier Wochen. Ich
wählte mit Fleiß Umwege, um keine Stadt zu berühren, um alle Residenzerinnerungen los zu werden. —
Wenn ich des Sonntags in ein Dorf kam und die
Tanzmusik hörte, wenn die Clarinette kreischte und
ein Ton überschnappte, wenn die Geige klang und
der Baß brummte, dann flog ich hinein, nahm eine
braune Dirne am Arm und walzte lustig mit ihr
herum. — Ich wollte ja vergessen und unter diesen Leuten, mit den von der Arbeit gehärteten Händen, ward mir oft wohler, als dort, wo meine Liebe
begraben lag, in der prachtfunkelnden, reichen Residenz. Ohne Rücksicht auf meinen Titel als fürstlicher
Chordirector griff ich oft selbst, wenn die erste oder
einzige Geige falsch griff, zu derselben und spielte lustige Tänze auf, bis mir die Hand erlahmte. — Aber
sie liebten mich auch dafür und schüttelten mir treuherzig die Hände. — Wozu sollte mir auch der Hoch-

muth dienen? Ich war jetzt frei, wie der Vogel in
der Luft und konnte diesen braven Leuten gefällig
sein, ohne Rücksichten nehmen zu müssen. Sie waren
mir in ihrer Wesenheit lieber, als dort Alle — Alle —
die denn doch fast ohne Ausnahme gelogen hatten. —
An Wastel dachte ich gern.

Und wenn ich matt von Tanz und Geigenspiel
war, dann warf ich mich im Freien nieder unter den
duftigen Bäumen und blickte zum Sternenhimmel
empor und verfolgte den Zug der Wolken und ihre
phantastischen, ewig wechselnden Gebilde und dachte
unwillkürlich an Lottchen und den ersten Kuß und
an Malchen und meine kurze Brautstandsseligkeit und
an die liebreizende Neri. Ach! ich konnte das Alles
nicht vergessen. —

Aber Gottes Natur tröstete mich wieder. So ein
Stern ist so unendlich groß gegen den kleinen Menschen und blickt ihn doch friedlich und mit Liebes-
blicken an. Sie sind keine Lüge, sie sind wahr. —
Der Intendant, der Verderber Malchens, hatte mehrere Sterne auf der Brust. Das war doch eine Ent-
heiligung der himmlischen Sterne, die niemals trügen. — Aber, ich durfte dieß und dergleichen nicht
laut denken; denn der allergnädigste Landesherr, dem
ich meinen lebenslänglichen Gehalt verdankte, hatte
ihm doch diesen Stern verliehen. — Und der Fürst

wußte gewiß nicht, daß der Intendant so schlecht war das arme Malchen zu verführen.

Ja — wenn die Großen, die hohen Herren, Alles wüßten, wären sie auch gerechter gegen uns arme Leute. —

— Oft auf meiner Wanderung stieg ich Nachts beim Mondenschein über die Zäune und Mauern in die Kirchhöfe und besah mir da die Gräber wildfrem= der Menschen. Ich las die Inschriften, sah die ver= witterten Kreuze und richtete manche vom Wind ge= beugte Blume wieder auf. Es war ja Sommer, jedes Grab ein Blumenbeet — das war so schön. — Ich dachte, es muß die Todten doch freuen, wenn Jemand, und selbst ein Fremder, ihrer liebend ge= denkt. — Es wird mir ja auch wohl thun, wenn dereinst Jemand an meinem Grabe steht und hinab= ruft: Crispin, du gute, treue Seele, schlaf wohl! —

An einem schönen Wasserfall, es war im Grunde nur der Sturz eines Baches über eine steile Fels= kante, lagerte ich eines Tages. Hinter mir hörte ich laute Mädchenstimmen, aber Fels und Busch ver= sperrten mir die Aussicht. Ich sprang zwar auf, nahm rasch Stab und Bündel, aber die beiden Frauenzimmer, die mich plötzlich so electrisirt, fand ich nicht wieder — ich war des Weges unkundig und

sie hatten wahrscheinlich einen ihnen bekannten Fuß=
weg durch den Buchenwald eingeschlagen. Es um=
summte mich wie ein Traum; aber die Frauenstim=
men klangen mir so bekannt, so bekannt; ich mußte
sie schon einmal im Leben gehört haben. —

Was half alles Brüten. Ich setzte meinen Weg
fort — vor mir glänzte die Kirche des Marktfleckens,
wo ich heut mein Nachtquartier nehmen wollte, im
Abendroth, dorthin beflügelte ich auf der Fahrstraße
auch meine Schritte.

Ich hatte einen Empfehlungsbrief an den Super=
intendenten des Ortes. Es sollte ein würdiger Mann
sein. Ihn wollte ich begrüßen. —

Im ganzen Orte herrschte große Regsamkeit. An
demselben Tage hatte ein junger Herr von Schöneck
nach dem Tode seines Großvaters den Besitz der
Herrschaft, wozu auch Weißlinden — so hieß der
Ort — gehörte, — angetreten. — Ueberall schallte
Musik, knallten aus Gärten und von den Weinber=
gen herab Flintenschüsse, die reicheren Ortsbewohner
hatten ihre Lauben mit farbigen Lampen beleuchtet,
in der Schenke wogte und tobte der Tanz, eben so
wie auf einem freien Platze vor derselben.

Ich trat ja in einen Himmel voll Freudigkeit hin=
ein und wurde folglich auch froh gestimmt. Ich warf
Stock und Ränzlein bei Seite, flog auf den Tanz=

boben, nahm eine Bauerbirne am Arm und tanzte
luſtig mit, troß meiner Mübigkeit nach angeſtrengtem
Marſche.

Und wie ich ſah, daß bie erſte Geige mübe wurde,
ba löfte ich nach meiner Gewohnheit ben Violiniſten
ab und ſpielte luſtig brauf los, daß bie Leute ihre
Freude an mir hatten.

In der Pauſe pochte mir der Gutsherr, der ſich
leutſelig unter ſeinen Unterthanen bewegte, auf die
Schulter, belobte mich wegen meines Spieles und
fragte, wer ich ſei.

Ich gab ihm beſcheiben und aufrichtig Auskunft.

Er erſuchte mich, indem er nach einem erleuchte=
ten Salon beutete, in einer halben Stunbe borthin
zu kommen und ein Souper einzunehmen. — Ich
nahm dieß dankbar an und geigte noch ein paar Wal=
zer zur größten Ergößlichkeit ber männlichen und weib=
lichen Dorfjugend. — Als es Zeit war, ging ich. —
Ich mußte vorher noch meinen ſaubern Rock anzie=
hen. — Als ich eintrat in das Gartenhaus, welches
wie ein türkiſcher Kiosk gebaut war, fand ich den
Gutsherrn bereits gegenwärtig und bei ihm den Herrn
Superintenbenten, an den ich empfohlen war. —
Dieſer hatte zwei wunderſchöne Töchter bei ſich —
bie eine braun, bie andere blonb. —

Die braune, mit ben ſchwarzen und boch ſo mil=

ben Augen nahm sofort mein Herz gefangen. — Mein
Gott! die Stimmen der Mädchen — es waren die
Stimmen vom Wasserfall wieder. Sie klangen so
schön. Ja, ich hatte sie schon einmal gehört.

Doch davon und wie Alles ferner wurde — kann
ich heut nicht erzählen; denn mein Herz ist zu über=
schwenglich reich. —

6. *

Auf der Promenade war Frau von Schnubel
die erste Person, welche mir in die Arme lief. Sie
sprach wieder von treuenbriezener Zuständen; und wie
von einem Welterelgniß, daß die berliner Sängerin
Semmelbein in guter Hoffnung sei. Der Helden=
spieler Athanasius sollte die Veranlassung sein.

Während des Gesprächs in der Allee erkundigte
ich mich auch bei ihr nach meinen Stubennachbarin=
nen und nach Neumann.

„Ach Gott!" rief Frau von Schnubel, „Sie wissen
auch Alles; kaum sind Sie angekommen und haben
schon Kenntniß davon, daß der Neumann in die
Basler verschossen ist, daß diese aber lieber dem För=
ster Gehör gibt und daß die Stinte den Neumann
zu angeln sucht, daß sie partoutement heirathen will.

Junger Mensch, um Gotteswillen! wo haben Sie das so schnell erfahren?"

— „Ich belauschte ein Gespräch. — Wenn ich aber nur wüßte, ob dieser Neumann derselbe Neumann ist, mit dem ich in Berlin auf einem Flur —"

„Gott doch ja," rief die Frau, „er ist ein Mäkler und lebt in Berlin von seinem Gelde. — Ich habe so meine eigenen Gedanken, liebster Freund. — Die Stinte's scheinen mit ihr Geld durchgebracht zu haben; den letzten Rest haben sie auf diese Badereise verwendet; das Mädchen muß um jeden Preis heirathen, denn sie ist schon acht und zwanzig bis dreißig Jahre alt: Zehn Jahre lang ließ sie sich von den Gardelieutenants die Cour machen; aber Sie wissen ja, das führt zu keinem Zwecke. Ist Alles nur Geflusch. Nun muß sie aber unter die Haube kommen, es ist die höchste Zeit. Mit der Schönheit ist's auch nicht mehr weit her. Sie kennen doch das allerliebste Lied in Angely's Fest der Handwerker:

Und die Schönheit vergeht und die Backen fallen in
Und die Eklichkeit kommt hinter d'rin."

Die gnädige Frau hatte eine gute Lunge; sie ließ mich gar nicht zur Frage gelangen und fuhr in einem Athemzuge fort: „Um wieder auf den Neumann zu kommen; Geld hat er, sein Vater hats im

Befreiungskriege verdient, er war Lieferant, hat Men=
schen und Vieh geschunden — nun, ich sage nichts,
er ist man todt und Gott ist unser oberster Richter.
Aber um vom Sohne zu sprechen — sehen Sie —
der Mann ist reich, scheint auch ein gutes Gemüth
zu haben, sieht reputirlich aus, ist gewiß auch jünger
als die junge Stinte; aber der Mensch ist krank, er
hat das, meine ich, was die Engländer den Splehn
nennen. Sie verstehen mich."

„Die Stinte's nannten es den Weltschmerz."

— „Sie können sich darauf verlassen, es ist der
Splehn und eigentlich gar keine Krankheit, sondern
eine Art Einbildung oder Narrheit. Sie wissen, ich
mische mich in Herzensangelegenheiten nicht; aber der
junge Mensch könnte immer noch eine bessere Partie
machen. Es wird mich ordentlich ärgern, wenn ihn
diese magere, semmelblonde Stinte einer Andern,
einem hübschen jungen Mädchen, wegschnappt! Und
die Alte ist vollends unleiblich, sie parlirt immer fran=
zösisch und spricht von ihrem alten Adel. Als wenn
man nicht wüßte, daß der Vater bloß Calculator war
und daß sie der Herr von Stinte nur aus gewissen
Ursachen und wegen Intriguen geheirathet hat. —
Nu — ich sage nichts."

Das Weib hatte meinen Arm umkrallt — ich
mußte ihr durch die Allee als Locomotive dienen.

Ihre Erzählungsweise war wie eine Fontaine, un=
aufhörlich plätschernd, rauschend, betäubend. —

„Da — da —“ rief sie plötzlich, „kommt der
Neumann, und dort hinten gehen Stinte's und der
junge Oberförster und die Basler und ihre Mutter.
Nu, sehen Sie mal zu, ob das der Neumann ist,
den Sie kennen.“

„Ja er ist es!“ schrie ich förmlich und riß mich
aus der festen Hand der Frau los und stürzte mei=
nem Freunde entgegen.

„Eduard,“ sagte ich und drückte ihn in meine
Arme, „wie geht's, was machst Du? Warum hier
im Bade?“

Der Mensch sah kerngesund aus; er hatte von
jeher einen furchtbaren Appetit entwickelt.

Er sah mich beinahe schmachtend an, legte die Hand
aufs Herz und seufzte: „Krank, krank.“

„Du krank; Du siehst ja aus so frisch wie das
vollblutige Leben!“

„Es gibt andere Krankheiten,“ fuhr er fort, „die
sich nicht auf Stirn und Wange malen, die im Innern
wühlen. Der gewaltige Schmerz der Völker, der Schmerz
der Welt bebt weinend, schneidend durch meine Seele!
Siehst Du nicht überall die Willkür und die Lüge im
Purpur und das edle Herz in Staub getreten? Hast
Du keine Thräne für das namenlose Elend?“

„Aber, Kerl!" rief ich lachend, „sei doch kein Narr! Was fehlt Dir denn eigentlich? Die Welt ist einmal so; ist immer so gewesen. Wir werden sie nicht ändern."

„Kennst Du Karl Beck?" fuhr er fort und declamirte, ohne meine Antwort abzuwarten, folgende Verse:

> „In Menschenherzen sucht Ruinen auf,
> Auf Erden suchet keinen Aschenhauf.
> Was prunket ihr mit Heldengräbern viel?
> Ihr wollt sie doch verjüngt und blühend seh'n.

„Das ist recht schön und gut, aber was hat das mit Deiner Constitution zu schaffen? Du siehst ja so gesund aus — verzeih' mir den Vergleich — wie ein Opferstier."

Er war aber einmal d'rin im Declamiren und recitirte statt jeder directen Antwort folgende Strophe:

> „Als du zuerst gebraust, ein Wirbelwind,
> Verstand ich's nicht, — jedoch vernahm ich oft,
> Wie man auf dich geschworen und gehofft,
> Da war ich noch ein märchenvolles Kind."

„Jetzt aber bitt' ich Dich, sei kein Kind, sonst muß ich Dich für einen Narren halten. Wir wollen da hinüber in die Restauration gehen und ein Frühstück einnehmen. Du mußt mir erzählen, was Du seither getrieben hast. Aber mit Deinem Weltschmerz laß mich ungeschoren. Ich fühle vor der Hand nur Hunger und Durst."

„Ein Frühſtück,"-ſeufzte Neumann, indem ich
ſeinen Arm nahm, „dieſes könnte ich wohl auch ein=
nehmen."

— „Kerl! wenn auch Dein Verſtand gelitten
hat, ſo weiß ich nun doch wenigſtens, daß Dein
Magen der Alte geblieben iſt." —

Ich zog ihn in die Reſtauration. Während des
Weiterſchreitens declamirte er:

„Himmel! du biſt alt geworden,
Ohne Macht iſt dein Gericht!
Weiche Herzen kannſt du brechen,
Aber Ketten brichſt du nicht. —

„Laß das himmliſche Gericht," ſagte ich, indem
wir uns niederließen, „und verzehre mit mir ein Ge=
richt Forellen — die hier köſtlich ſind."

„Gebt uns, was wir lang vermiſſen,
Alſo jammert unſre Noth;
Gebt uns Einen, Einen Biſſen,
Gebt uns unſer täglich Brot."

„Das ſollſt Du ja haben, Narr! und Forellen
noch dazu, auch Wein, ſo viel Du trinken willſt,
altes Kameel! Ich tractire Dich heute. Nur laß mich
ungeſchoren mit Deinen herausgeriſſenen Phraſen."

Die Forellen kamen endlich. Mein Neumann ver=
gaß bei ihrem Anblick die Poeſie und der Magen=
menſch machte ſich geltend. Nach der zweiten Flaſche
Château margaux wurde er ganz vernünftig und er=
zählte mir, daß er in das Fräulein Baßler verliebt

sei. Er erinnerte sich mehrerer lustiger Schwänke, die
wir in Berlin getrieben und aß die siebente Fo=
relle. —

„Nun erkenne ich Deine Krankheit, altes Ka=
meel!" sagte ich, „Du bist verliebt — in das Fräu=
lein Baßler. Ich weiß Alles. — Und das soll der
Weltschmerz sein? — Werde nur wieder vernünftig.
Du bist ja reich, ein hübscher Kerl, kannst sie ja hei=
rathen. Warum wüthest Du in diesen Forellen, als
wären sie Dein Schicksal oder Dein sogenannter Welt=
schmerz!? Dein Appetit beweist mir, daß Du noch
immer gesund bist. Heirathe doch das Fräulein Baß=
ler, wenn Dir das Mädchen einmal gefällt. Sei
kein Heupferd und plage Dich mit dem Weltschmerz
herum. — Da habe ich eben gehört, daß ein Fräu=
lein von Stinte in Dich verliebt ist."

„Was frommt ein Sänger"

entgegnete er und leerte sein Glas,

                    „wenn Musik nicht wagt,
   Sein Lied zu streicheln, süßlich es zu küssen?
   Wenn sie, geängstigt, kaum zu sprechen wagt:
   Ich will besingen, was du leiden müssen." —

„Gut, gut!" schrie ich ungeduldig; „so heirathe
sie doch — und chikanire mich nicht mit Deinen Ci=
taten. Wir wollen fröhlich sein bei unserm Wieder=
sehen — trinken wir noch eine Flasche Wein!" —

— „Der Schmerz ist Wollust. Ich habe in ihm geschwelgt."

„Schwelge in ihm, nur nicht in meiner Gegenwart; heirathe meinetwegen die Basler oder die Stinte."

„Erstere scheint nicht zu wollen," entgegnete er tiefsinnig. Lenau sagt:

> „Der große und geheime Schmerz,
> Der die Natur durchzittert,
> Den ahnen mag ein blutend Herz,
> Der die Verzweiflung wittert,
> Doch nicht erreicht — der Schmerz erscheint
> Im Aug' des Mönchs, der Reiter weint."

— „Aber Du bist ja Lutheraner, was hast Du mit dem Mönch zu thun? — Kerl, Du spielst wohl Komödie?"

„Nein, nein! Aber Du begreifst mich nur nicht. — Kellner, ich wünsche noch ein Beefsteak; aber nicht scharf gebraten, sondern etwas blutig — Sie verstehen mich schon — es muß auf der Zunge so zu sagen zerfließen."

— „Endlich wird der Kerl doch vernünftig," rief ich, „ich lerne erkennen, daß, wenn auch die Organe Deines Gehirns, so doch nicht die Organe Deines Magens gelitten haben. Du hast einen Appetit wie ein karpathischer Wolf. — Weshalb bist Du denn im Bade? Etwa um das Nest auszuhungern?"

„Der Arzt," versetzte Neumann; und verzehrte,

um während der Bereitung der Beefsteaks die Zeit
nützlich zu verwenden, ein ungeheures Stück Chester=
käse — „meine Nerven."

— „Du willst schwache Nerven haben?! Das
sind gewiß Schiffstaue, womit man einen Anker auf=
winden kann. Dein Appetit entwickelt sich mit poeti=
scher Allumfassenheit, und so hoffe ich, daß der Welt=
schmerz endlich darin untergehen wird."

„Glaube dieß nicht," seufzte Neumann und warf
schmachtend die Augen auf das duftige Beefsteak, wel=
ches ihm so eben der Kellner vorsetzte; „warum so
wenig Zwiebeln? — Geben Sie den Senf her. —
Glaube dieß nicht, mein Freund. — Doch Du sprachst
vorhin von Liebe, von dem Fräulein Baßler. Ja,
auch die Liebe hat mich hierher gezogen; denn der
Liebesschmerz ist ja auch ein Weltschmerz, weil das
Herz eine Welt im Kleinen und ein Born der Leiden
im Großen ist. Ich hoffte ihren spröden Sinn zu
rühren, ich hoff' es noch; ich hab' ihr schon manch
Lied gesungen; aber

> „Was ist des Dichters Lied? ein Waisenkind,
> Ein Kind der Liebe, heiß im Rausch gezeugt,
> Verwahrlost, ausgesetzt in Nacht und Wind,
> Entblößt, vom Hunger und vom Durst gebeugt."

Während Neumann mit rührender Betonung diese
Verse sprach, verschwand ein Beefsteaksstück nach dem
andern in seinem empfänglichen Magen.

„Lieber Bruder," sagte ich; „ich glaube, Du bist auf einem falschen Wege. Statt Deiner Geliebten etwas vorzusingen, müßtest Du ihr etwas voressen; denn darin bist Du entschieden Virtuose. Wenn sie Dich so ein Beefsteak singen — ich wollte sagen, essen — sieht, kann sie nicht länger wiberstehen. Du bist in Deiner Art ein großer Künstler, den ich achten muß."

„Spotte nicht und ehre meinen Schmerz. Der Schmerz hat heilige Rechte. Er stammt vom Kreuze. Kennst Du die Stelle:

„In meinem Busen Klagepsalmen:
O, traure, Anastasius!
Die Löwen werden Dich zermalmen! —
So sei es denn, ich will, ich muß." —

„Aber Du zermalmst, Du fressest wie ein Löwe! Ich will mich weiter über Dich nicht ärgern. Du bleibst mein alter, guter Kerl und wirst es bleiben, sollte Dich auch ein Irrenhaus aufnehmen. Denk' an den Pachter Feldkümmel und den Mann von Glas und den König Cambyses. Jetzt aber aufgebrochen, sonst vernichtest Du noch ein paar Beefsteaks und stirbst an Indigestion. Die Sonne scheint draußen so freundlich durch die grünen Bäume, die Promenade ist belebt. Du mußt Dich überwinden, und mich, die bürgerliche Canaille, der hochadeligen, vollblutigen Race vorstellen."

Wir brachen auf. Ich lernte noch im Verlaufe
des Vormittags die beiden Stinte's, die Basler und
den Oberförster kennen. Die alte Stinte war sehr
corpulent, die Junge ganz so, semmelblond, scharf,
spitzig, kantig, wie mir sie die Frau von Schnubel
beschrieben; die Basler ein allerliebstes, huldvolles
Mädchen und der Oberförster ein schöner, liebenswürdiger Mann.

Daß mein Neumann mit seinem Weltschmerz keinen Eindruck auf die Basler machte, lehrte mich der
erste Blick. Ihre schönen, rehartigen Augen flogen
häufig nach dem Förster und suchten seine blauen
Stirnensterne. —

Die Unterhaltung war nach Tische im Kursaal
sehr lebendig; man emancipirte mich gewissermaßen
und ich durfte mich einigen Fräuleins ——— nahen
und ihren Müttern die Hand küssen. Mein Neumann war während der Conversation immer noch ein
wahnsinniger Häring und declamirte seinen Weltschmerz zu jeder Phrase, die gesprochen wurde. Die
junge Stinte theilte ihre Aufmerksamkeit zwischen mir
und Neumann. Die alte Stinte hatte nämlich von
der Frau von Schnubel bereits erfahren, daß ich
Vermögen besitze und ein heirathbarer Mann sei!—

Man forderte uns auf, etwas zur Unterhaltung
beizutragen. Mein Freund, der Weltschmerzmensch

Neumann war sofort bereit und sprach, indem er sich in eine interessante, malerische Positur versetzte, folgendes Gedicht:

Martin Bernhards des Orgelbauers Braut.
(Legende.)

Der Meister sitzt im hohen Dome,
Umwogt vom Harmonien-Strome,
    Der in der Wunderorgel schlief,
    Die seine Kunst ins Dasein rief.
Was er mit regem Fleiß begonnen
Und tief mit weisem Ernst durchdacht,
Vollendet stehts im Licht der Sonnen
    Und mehrt des hohen Tempels Pracht.

Die Orgel prangt im Heiligthume,
Daß zu des Unerschaffnen Ruhme
    Sie mische ihrer Stimme Klang
    In frommer Andacht Preisgesang.
Nur ewigen und ernsten Dingen
    Sind ihre Melodie'n geweiht;
Sie trägt den Geist auf Seraphschwingen
    Hinauf zu Gottes Herrlichkeit.

Wenn Tausende zum Altar treten,
Den Hocherhabnen anzubeten,
    Dann bringt ihr Ton in jedes Herz,
    Erhöht die Freude, stillt den Schmerz;
Dann jauchzt sie in die heil'gen Chöre,
    Des Gotteshauses schönste Zier;
Dann braust es wie der Sturm im Meere:
    „Herr unser Gott, dich loben wir!"

Der Künstler weiß, von Dank durchdrungen
Ihm sei ein schweres Werk gelungen.
    Beseelt von diesem Hochgefühl,
    Greift seine Hand ins Orgelspiel.

Zum Himmel ist sein Herz erhoben,
　Der gnädig ihm zur Seite war:
Dem Meister über Sternen droben
　Bringt er sein frommes Opfer dar.

Er preist ihn auch für jene Stunden,
Die wonnereich ihm hingeschwunden
　Mit ihr, die Gottes Vaterhand
　In zarter Liebe ihm verband.
Und während hundert Stimmen schallen,
　Die Zeugen seines Glücks zu sein,
Tritt sie, die ihm allein gefallen,
　Des Glöckners Tochter bei ihm ein.

„Siehst Du, wie sich die Schatten breiten?
„Ich muß," spricht sie, „zur Vesper läuten!"
　So steigt sie mit behendem Lauf
　Zur Glockenstube froh hinauf.
Sie weiß es, daß des Himmels Scharen. —
　Herrscht auch auf Erden schwarze Nacht —
Der Unschuld Schritte treu bewahren
　Und Gottes Auge für sie wacht.

Doch droben auf des Thurmes Höhen,
Sieht sie den Geist des Abgrunds stehen.
　„Du bist," ruft er, „des Künstlers Braut,
　„Der stets zu Gottes Ehre baut.
„Drum sei, daß bittre Reu' ihn quäle,
　„Dein Leben frühen Todes Raub!" —
Da fliegt zum Himmel auf die Seele
　Und ihre Hülle sinkt in Staub.

Und tiefer senkt die Nacht sich nieder,
Und düster sind der Orgel Lieder;
　Sie tönt im klagenden Gesang,
　Dem Meister wird's im Herzen bang.

Er kann im Heiligthum nicht weilen;
Es schweigt der Hymnen Feier=Chor.
Es treibt, zum Thurm hinaufzueilen,
Ihn mit geheimer Macht empor.

Und er ersteigt der Zinne Stufen;
Ihm ist's, als hätt' ihn Gott gerufen.
Da sieht er, die sein Herz erfüllt,
Vor sich in ew'gen Schlaf gehüllt.
Matt schwankt er, zwischen Tod und Leben;
Doch schon umstrahlt ihn Gottes Licht!
Daß Engel tröstend ihn umschweben
Ahnt er in seinem Kummer nicht.

Sie aber stehen ihm zur Seite:
„O! werde nicht der Schwermuth Beute!
„Dein stummer Seufzer drang zum Ohr
„Des großen Herrn der Welt empor.
„Vernommen hat er Deine Lieder;
„Erheit're Deinen trüben Blick!
„Er gibt Dir die Geliebte wieder —
„Empfange sie durch uns zurück!"

Und als sie leise, wie zum Segen,
Die Hand aufs starre Herz ihr legen,
Steht, eh' der Meister sichs versah,
Die holde Jungfrau lebend da.
Sie stimmt in seine Dankgesänge
Und ruft: „Das hat der Herr gethan!"
Und freudig hört's die große Menge
Und staunt das neue Wunder an.

„Dieß Gedicht ist von unserem gemüthlichen
Hohlfeld in Dresden," sagte Neumann, indem er
sich verbeugte und den üblichen Applaus empfangen.

Nun kam ich an die Reihe; ich sollte auch etwas sprechen; aber ich hatte keine Luft zur Schwärmerei, zum Weltschmerz.

Ich recitirte daher mein altes, der Gesellschaft aber neues Gedicht: die Mähr von den drei Schneidern vor und erhielt wegen meines feurigen Vortrags trotz meiner bürgerlichen Stellung lauten Beifall. Eins der Fräuleins meinte sogar, ich könnte mich für Geld als Declamator hören lassen. Vor der Hand dankte ich für diese Auszeichnung und lehnte bescheiden die Zumuthung ab.

— Jetzt aber, meine Herren, — Pause — die Fortsetzung, wenn Sie wollen, morgen. Mir schmerzt in Folge der vielen gesprochenen Verse der Brustkasten.

Wollen wir vom Weltschmerz zum Beefsteak über= gehen!

Und so geschah es auch. —

7.

— Heut muß ich in der dritten Person erzählen, es paßt für die Gestalten und Ereignisse, welche nun= mehr folgen, besser.

Am folgenden Tage machte der Medicinalrath seine üblichen Visiten auch bei den beiden Stinte's. —

Die Jüngere zog ihn sofort, während die Aeltere in der Kammer Toilette machte, ins Fenster und fragte mit einiger Hast:

„Herr Medicinalrath! Was fehlt dem jungen Neumann; ich interessire mir für ihn — unter uns gesagt —; was ist das für eine Krankheit, der Weltschmerz?"

— „Ach mein Fräulein — das ist gar keine Krankheit; es ist Thorheit, Einbildung. Sehen Sie nur sein blühendes Aussehen, seinen riesenhaften Appetit! Er leidet aber blos an Hämorrhoiden — will's aber nicht glauben, will nicht gehorchen."

— „Kommt dieß vielleicht von Homer her? Sie wissen, das ist ein alter griechischer Dichter. Ich habe von ihm im Conversationslexikon gelesen."

„Nein, mein Fräulein," war des Medicinalraths Antwort, „nicht von Homer; sondern aus einer andern Gegend."

— „Kann man denn dabei heirathen?"

„Freilich, freilich. — Wollen Sie mir mit behilflich sein, so ist er in vierzehn Tagen von dem fatalen Weltschmerz hergestellt. Sie trinken doch täglich mit ihm den Brunnen; ich gebe Ihnen noch heut ein Fläschchen voll eines farblosen Extracts von Sennesblättern. Dieß gießen Sie ihm Morgen, ohne daß er es gewahr wird, in sein Mineralwasser. Sie müssen aber vorsichtig dabei zu Werke gehen; denn er ist, wie gesagt, sehr mißtrauisch gegen jedes Arzneimittel, das ich ihm vorschreibe. Ich gebe Ihnen als Arzt und Mensch mein Ehrenwort, daß er in vierzehn Tagen gänzlich von seinem Weltschmerz geheilt ist."

„Das kann ich thun," rief das Fräulein haftig, „er soll nichts merken. Ich practicire es ihm geschickt in den Becher hinein. — Aber sprechen Sie nur etwas leiser, Herr Medicinalrath; damit Mutter nichts davon erfährt. Sie will durchaus nicht, daß ich den Neumann heirathe, sondern den Oberförster. Und der ist mit der Basler, mit dem naseweisen Mädchen, so gut wie verlobt. Zudem ist ja der Neumann reich und ein hübscher Mensch; wenn er erst seinen Weltschmerz und den Homer, wie Sie es nennen, verloren hat, gewiß auch liebenswürdig und eine gute Partie. — Ich könnte zehn, zwanzig andere ähnliche in Berlin machen. Aber mich zieht das Herz einmal zu ihm. Und Herzensstimme ist Schicksalssprache, sagt Clauren." —

In diesem Augenblicke wurde die Thüre mit Heftigkeit aufgerissen und Frau von Schnubel flatterte herein.

„Morgen, Morgen, guten Morgen," sprach sie athemlos und hielt eine Karte in der Hand; „hab' ich es nicht vorhergesagt? Und man hat mir nicht

glauben wollen. Da haben wir's schwarz auf weiß.
Der Oberförster und die Basler sind verlobt, sind
Braut und Bräutigam. Ich habe die erste Karte erhalten; durch eine geschickte Manipulation. Ich ent-
lasse nämlich meine Jule und das Mädchen der Frau
von Basler tritt in meine Dienste. Die Karten sollen
erst Mittags herumgegeben werden. Aber hier hab'
ich die Eine schon und bin nun in aller Eile herum-
gekommen, um das Ereigniß bekannt zu machen. Die
ganze Badewelt wird sagen: die Frau von Schnubel
hat doch Recht gehabt."

Die junge Stinte starrte auf die zierliche Karte,
schien zu buchstabiren, ihr spitziges Kinn wurde noch
spitziger und im lang gezogenen Tone sagte sie: „So?
In der That, gnädige Frau! Sie haben doch Recht
gehabt. Ich habe es auch vorhergesehen; denn die
Baslers gaben sich ordentlich Mühe, ihn um jeden
Preis zu kapern. — Nun mich interessirt das weiter nicht."

Plötzlich öffnete sich auch die Kammerthüre und
die alte Stinte flog heraus. Sie hatte die laute Botschaft der Schnubel vernommen und rief jetzt ihrer
Tochter zu: „Habe ich Dich es nicht auch gesagt,
Auguste!?"

„Ach, lassen Sie mir nur thun," versetzte diese
ärgerlich, „was ich will. Ich habe immer meinen

freien Willen gehabt und werde ihn dießmal auch haben. — Ich weiß, was ich weiß."

Der Medicinalrath, welcher befürchtete, eine Familienscene zu erleben, empfahl sich. — Die Frau von Schnudel blieb noch; sie mußte ihrem Herzen Luft machen.

— — Am folgenden Morgen trank Auguste mit Neumann gemeinschaftlich Brunnen. Ihre Becher standen auf dem Steintisch dicht neben einander. Ich ging vorbei und rief Neumann zu.

Er eilte mir einige Schritte entgegen und flüsterte mir zu: „Du weißt wohl auch schon, daß die Baßler für mich verloren ist. Was sagt Lenau?

> „Und als die Sonn' am Abend sinkt:
> Die Herzen bänger schlagen,
> Der Mönch aus jedem Strauche winkt,
> Und alle Blätter klagen,
> Die ganze Luft ist wund und weh
> Der Rappe schlendert in den See."

„Nun in Gottes Namen," rief ich ärgerlich, „schlendre Du Pferd in den See! Aber vorauszusehen war es, daß Du mit dieser angenommenen Manier das gesunde, lebensfrische, natürliche Kind nicht erobern wirst. Sag mir nur, wer von Euch hat nur diesen fatalen Weltschmerz erfunden? Und was hat es damit für ein Bewenden?"

„Die neue Schule; vor Allen aber der große

Wachtelreiter, mein Freund — ich sage dieß mit Stolz; denn er hat mich gelobt und ich war dank= bar dafür in der Mittagszeitung. Auch der große Rindmeyer ist mein Freund und hat mir Anerkennung geschenkt. Ich bin, seit wir uns nicht gesehen haben, selbst berühmt geworden. Sieh, wir bilden eine enge Verbrüderung, wir loben uns gegenseitig, sind so zu sagen Einer wie der Andere, abwechselnd eine Sprosse der Ruhmesleiter. Dieses System hat Wachtelreiter erfunden; dadurch ist er groß geworden, und durch ihn werden auch wir Alle groß." —

„Nun in Gottes Namen! ich weiß nur, daß ich Dich und Deinen Weltschmerz und euer ganzes Trei= ben nicht verstehe. Ich glaube, es wird das auch Niemand begreifen, am wenigsten so ein junges, un= befangenes, lebensfrohes Mädchen, wie die Basler."

„O" — versetzte Neumann, „Eine fängt schon an mich zu begreifen; es ist das Fräulein von Stinte aus Berlin. Nur ist sie noch etwas befangen und unklar. Auch genirt mich manchmal ihr Dialect und ihre Verstöße gegen die Grammatik sind häufig störend."

„Du meinst die semmelblonde dort mit der spitzi= gen Nase, deren Wasserglas neben dem Deinigen steht."

„Sie ist nicht ohne Interesse; doch lieben könnte ich sie nie. Es ist doch seltsam: die Basler — ein beschränktes Wesen, durchaus der neuern Cultur, der Emancipation unfähig, mußte ich lieben.

> Die ganze Luft ist wund und weh,
> Der Rappe schlendert in den See.

Ich muß jetzt mit der Stinte einen Spaziergang durch den Wald machen. Ich hab' es ihr zugesagt. Ich bedarf der Erholung, der Zerstreuung: das Mädchen spricht viel, wenn auch oft unbedeutend. — Um wieder auf Wachtelreiter zu kommen, so muß ich Dir nur sagen, daß ich in Frankfurt auf der Mainlust seine Bekanntschaft gemacht habe. Er war beim Scheiden der Sonne so tief in Weltschmerz versunken, daß er in der Zerstreuung und Allem Irdischen entfremdet einen ganzen Truthahn und eine Schüssel Gurkensalat, welche für die sämmtlichen Familienglieder seines Freundes **Dr.** Scheuermann bestimmt waren, verzehrte. Er seufzte oft tief, wenn ihn der Ideenflug durchbebte, und sein schmachtendes Auge haftete während des Essens bald auf den rosigen Wolken über Sachsenhausen, bald auf den blitzenden Wellen des Mains."

„Hol' Dich der —; hast Du vielleicht auch Lust einen ganzen Truthahn zu verzehren? Geh Du mit Deiner Emancipationsfähigen durch den grünen Wald. Ich will die Schnudel aufsuchen, die klatscht mir etwas vor und amüsirt mich. — Bei Tische bist Du

vielleicht wieder vernünftig. „Also — Geh Du rechts=
wärts — laß mich linkwärts gehen." — Wir trenn=
ten uns.

Er trat wieder zur Stinte und leerte mit einem
Zuge den Inhalt seines Bechers. Der Extract des
Medicinalraths war bereits mit dem Mineralwasser
vermählt. Sie schlugen gleich darauf ihren Weg nach
dem Walde ein.

Ich fand die Schnudel und ging mit ihr durch
das Thal nach dem Eisenhammer.

Ihre Zunge, ewig in Bewegung, war gewisser=
maßen auch ein Eisenhammer: sie schlug Glück, gu=
ten Namen, Ehre, Ruf und Ueberzeugung breit.
Sonst war die Frau vom Herzen recht gut; sie be=
schenkte jeden Armen, und gewann man ihr Ver=
trauen, war man in augenscheinlicher Noth, so rannte
sie nicht nur durch den Hochofen, sondern selbst durch
die Hölle aus reiner Gutmüthigkeit. Nur sprechen
mußte sie davon und die scheinbarlich Undankbaren
ausschelten dürfen. —

Inzwischen wandelte Neumann an der Seite des
Fräuleins — die Mutter war mit einer zahlreichen
Gesellschaft ein paar hundert Schritte zurück geblie=
ben — durch den grünen Wald die Anhöhe hinauf.
Tausend goldene Lichter blitzten durch die frischen,
noch regendurchdrungenen duftenden Zweige, links

dröhnten und braußten die Wasserfälle der Sode, die sich in tausend malerischen Windungen über Klippen und Steingerölle stürzt und die Heimath der vielen Forellen ist, welche Neumann so sehr liebte.

Neumann war vom Naturschauspiel so sehr ergriffen, daß ihn wieder eine Quantität Weltschmerz erfaßte.

Er schlenderte an Fräulein Augustens Seite und declamirte aus Lenau's „Mönch:"

> „Und wie er schläft und wie er träumt
> Zur mitternächtgen Stunde,
> Weckt ihn sein Pferd, es schnaubt, es bäumt,
> Hell ist die Thurmesrunde,
> Die Wand wie angezündet glimmt,
> Der Mann sein Herz zusammennimmt."

„Aber lieber Herr von Neumann!" unterbrach ihn Fräulein von Stinte und ergriff wie mechanisch seine Hand, „wo nehmen Sie denn diese schönen, schauerlichen Verse her? Machen Sie diese selbst?"

Neumann, statt auf diese directe Frage zu ant= worten, drückte den vollen Arm des Fräuleins und fuhr fort:

> „Weit auf das Roß die Nüstern reißt,
> Es bleckt vor Angst die Zähne.
> Der Rappe zitternd sieht den Geist
> Und sträubt empor die Mähne;
> Nun schaut den Geist der Reiter auch
> Und kreuzet sich nach altem Brauch."

„Ach nun," rief Fräulein Stinte und ließ den Arm ihres Führers nicht los, „besinne ich mir; ich glaube dieses in einem Ritter= und Gespensterroman von Basse in Quedlinburg gelesen zu haben. Wir erhalten dieses aus der Leihbibliothek. Der Basse macht manchmal ganz hübsche Romane."

Neumann schauderte zurück und wollte sich fast vom Arme der Profanistin losreißen; doch fesselten ihn die Galanterie und der Stoff.

„Nein!" rief er, „mein Fräulein, von einem unserer großen Dichter, welcher mit Basse und seinem Verlage nichts gemein hat."

Er fuhr fort:

„Der Mönch hat sich vor ihn gestellt,
So klagend still, so schaurig,
Als weine stumm aus ihm die Welt,
So traurig, o wie traurig!
Der Wandrer schaut ihn unverwandt,
Und wird von Mitleid übermannt."

„Aber, Herr von Neumann," sprach Auguste von Stinte, „Sie müssen nicht so traurig sein; Sie müssen Ihr Herz der Liebe öffnen!"

Sie sah ihn bei diesen Worten schmachtend und herausfordernd an. „Der Medicinalrath hat mich gesagt, daß der Weltschmerz eigentlich gar keine Krankheit ist, sondern eine Einbildung, und daß er nur vom Homer herkömmt und seiner Gegend."

Neumann empfand plötzlich in seinem Leibe eine unangenehme Wirkung des genossenenen Mineral=

waffers nebst Zusatz, doch faßte er sich und
fuhr fort:

> „Der große und geheime Schmerz,
> Der die Natur durchzittert,
> Den ahnen mag ein blutend Herz,
> Der die Verzweiflung wittert,
> Doch nicht erreicht — der Schmerz erscheint
> Im Aug' des Mönchs, der Reiter weint. —

Erlauben Sie, mein Fräulein, daß ich mich einen
Augenblick in das Gebüsch dort begebe. Ich folge
Ihnen in einer Minute auf dem Fußpfade. — Es —
ja es wachsen dort schöne Schilfblumen!"

„O, da kann ich mitgehen und einige mit Ihnen
pflücken."

„Nein doch, mein Fräulein; Sie würden in
dem feuchten Moor Ihre allerliebsten, rehfarbenen
Stiefelchen, die auf den schönsten Füßen der Welt
sitzen, beschmutzen! Lassen Sie mich allein gehen, ich
kehre sogleich zurück."

Denn in diesem Momente erfaßte ihn mit dop-
pelter Heftigkeit — nicht der Schmerz der Welt —
sondern der Schmerz in seinem Innern. Er wollte
sich losreißen; aber Auguste hielt seine Hand eisenfest.

Neumann wollte sich zerstreuen, die Aufmerksamkeit des Fräuleins ablenken. Vielleicht — dachte
er — geht es vorüber. Er declamirte daher
weiter:

„Er ruft: „O sage was dich kränkt?
Was dich so tief beweget?"
Doch wie der Mönch das Antlitz senkt,
Die bleichen Lippen reget,
Das Ungeheure sagen will:
Ruft er entsetzt: „Sei still! sei still!" —

Neumann's Antlitz wurde leichenblaß, er mußte sich ungeheure Gewalt anthun. Er stotterte: „Aber jetzt, gnädiges Fräulein! erlauben Sie, daß ich Ihnen die Blumen bringen darf. Wir sind hier an der Stelle."

„Nein, Herr von Neumann, in dieser Stimmung, in welcher Sie sich befinden, darf ich Sie nicht verlassen. Dort drüben rauscht die Sode; Sie thun sich ein Leids, Sie stürzen sich in den Abgrund!"

— „Ich gebe Ihnen mein Wort, daß nur —"

„Oder Sie haben Waffen bei sich? Dolch, Pistole?"

— „Nein, nein, um des Himmels willen! — mein Ehrenwort darauf!"

„Herr von Neumann, theuerster Freund!" rief Auguste und ihre Wangen rötheten sich und ihr Athem flog schneller; „warum hassen Sie mir denn? Bin ich Ihnen so ganz gleichgiltig geblieben? Ich kam Ihnen mit so viel Aufmerksamkeit entgegen. Soll ich den ersten Schritt thun, zuerst das Geständniß ablegen: ich, das schüchterne Mädchen dem starken Manne gegenüber?"

„Nein — nein! mein Fräulein, ich schätze, achte, verehre Sie, aber um des Himmels willen, nur einen Augenblick!" —

— „Also Sie lieben mich, edler Jüngling?"

„In des T— in Gottes Namen, ja, mein Fräulein, aber —"

Sie warf sich an seine Brust und rief begeistert: „Hier den ersten Kuß, mein Einziggeliebter! Ich darf es also der Mutter sagen, darf im Kursaale mir Ihre Braut nennen? Zwei Bräute an einem Tage!"

„Ja, ja! Alles, Alles," stöhnte Neumann; „ich bin Ihr Bräutigam — ich will Sie ja heirathen. Ich habe nur noch diesen Moment! O lassen Sie mich, ich beschwöre Sie!"

„Gut," sagte sie und ließ seine Hand los — „nun gehen Sie und holen mich die Blumen."

Neumann stürzte wie ein Rasender in das Gebüsch und verschwand hinter einer mächtigen Eiche.

Wonneselig wandelte kurzen Schrittes Auguste auf dem Waldpfade weiter.

Neumann riß die Weste auseinander; er war eben im Begriff den Hosenträger zu lösen, da hatte sich dieser mit seinen Drahtschnüren um einen Knopf ge-

wunden und war nicht zu lösen. Neumann knirschte —
er griff nach seinem Taschenmesser, um das Leder des
Hosenträgers zu trennen. Er setzte an; da öffnete
sich plötzlich das Gebüsch, — ein Mann von beiläu-
fig funfzig Jahren mit langen Haaren und breitem
Hute trat heraus, fiel Neumann in den Arm, welcher das Messer hielt und rief:

„Um des Himmels willen! junger Mann — keinen Selbstmord. Der Allbarmherzige wird, kann
Alles ändern, Ihr Herz mag noch so sehr bedrängt sein.“

— „Herr! ich will ja nichts, nur — Sie bringen mich um, lassen Sie mich los.“ —

„Nein, ich lasse Sie nicht“ entgegnete der Fromme
und umklammerte — er war ein sehr kräftiger Mann —
mit seinen beiden derben Fäusten Neumanns Hände;
„das Leben ist keine Kleinigkeit, der Herr verschenkt
keine Kleinigkeiten und im Menschenleben liegt etwas
Großes, wenn man es zu nehmen weiß. Sie haben
vielleicht noch Aeltern, Vater, Mutter, Geschwister,
eine Braut, theure Anverwandte — ich kann Sie
nicht lassen!“ —

„Nun da haben Sie's!“ stöhnte Neumann end-
lich und der Angstschweiß bedeckte seine Stirne und
Thränen traten in seine Augen. — Er empfand im
Augenblicke eine Erleichterung, aber auf Kosten seiner
Bekleidung.

Er warf das Taschenmesser in das Gras und rief: „Hol' Sie der Teufel, Herr, mit Ihrer Dazwischenkunft. Ich habe mich blamirt; daran sind Sie schuld."

Er sprang nach diesen Worten durch das Gebüsch wo Auguste seiner harrte. Er trocknete den Schweiß von seiner Stirne und rief dem Fräulein zu: „Es thut mir leid, die Schilfblumen sind alle verblüht, und eine verblühte wollte ich meiner Braut doch nicht bringen." —

„Thut nichts," tröstete sie schmeichelnd, „hab' ich, theuerster Freund, doch Dein Herz und dieß ist für mich die schönste Blume!" —

Sie sank an seine Brust. Ihm fiel jetzt nicht ein Stein vom Herzen, sondern es fiel ihm einer darauf. Er erfaßte nunmehr die ganze Größe seines Mißgeschicks. Er wollte die Basler heirathen, für die er schwärmte und die einen großen Theil seines Weltschmerzes ausmachte, und mußte nun gezwungen, Ehren halber, die Stinte nehmen. —

Das war zu viel auf einmal; sein Hirn brannte, sein Puls flog fieberhaft. Das Mädchen ließ ihm keine Zeit zu Reflexionen.

— „Aber nun, mein Trauter!" sprach sie schmachtend, „wollen wir umkehren. Wir müssen in den Conversationssaal gehen; ich muß dort unser beider-

seitiges Glück, unsern Seelenbund proclamiren, allen
giftigen Neidern und Neiderinnen zum Trotz. Die
will ich man ärgern."

„Ja, theure Auguste!" seufzte der zernichtete Neu=
mann, „wir thuen dieß. Aber erst erlauben Sie mir
nur, fünf Minuten auf meine Stube zu gehen. —
Ich muß ein anderes Gewand anziehen, ich muß
mich doch an Ihrer Seite einigermaßen stattlich zeigen."

— „Dieß wäre gerade nicht nöthig! Es über=
rascht so mehr und schneller."

„O doch, doch, liebe Auguste, gewähren Sie mir
diese erste Bitte. Sie können ja die Mutter inzwi=
schen unterrichten. Ich muß — in der That!"

— „Nun, es ist gut," entgegnete sie, „aber in
fünf Minuten müssen Sie wieder im Salon sein."

Sie standen vor dem Logirhaus, Neumann ließ
den Arm des Fräuleins los und stürmte die Treppe
hinauf. —

Hier kleidete er sich um, dann rannte er wie
wahnsinnig in der Stube auf und ab und hielt einen
lauten Monolog.

„Ich Pferd! Ja ein Pferd bin ich. Mein Freund
hatte Recht. Die junge, frühlingsholde Blume, die
Baßler, laß ich mir entgehen, und muß nun die ab=
geblühte Stinte heirathen! — Himmel! wodurch habe
ich dieses verschuldet? Ach der Weltschmerz in mir

wird immer größer und er ist's doch allein, der mich in dieses Elend gebracht hat. — Verflucht sei dieses Mineralwasser! — Wenn mich die Poesie in Auguste nur trösten könnte; aber sie ist, bei Gott! unwissend, und der verdammte Dialect, diese Verwechslung des Dativ's mit dem Accusativ! Das bringt mich im ersten Jahre noch um. — Und vollends die Alte! Schicksal, welche Bürde ladest du mir auf? — Wie soll, wie kann das enden? — Ich kann nicht wieder nach Berlin zurückkommen. — Und mein Freund, der mich gewarnt, der mir das Alles prophezeiht hat, wie wird der mit Sarkasmen über mich herfallen. — Jetzt weiß die Botschaft schon der ganze Badesalon, die Schnudel und, Tod und Teufel! Alles wird über mich herfallen. Bei Gott! Ich bin blamirt; ich habe ja so offenkundig der Basler den Hof gemacht.

> Der Mönch verschwand, der Morgen graut,
> Der Wandrer zieht von hinnen;
> Und fürder spricht er keinen Laut,
> Den Tod nur muß er sinnen,
> Der Rappe rührt kein Futter an,
> Um Roß und Reiter ist's gethan.

Das habe ich von dem verfluchten Handel! — Was werden meine Freunde, der Wachtelreiter und der Rindmeyer dazu sagen, wenn ich ihnen diese Frau vorstelle? Es ist in der That ein Elend und ich weiß keinen Ausweg. — Ich wollte Auguste doch nur für

unſere neuen Kulturideen gewinnen. Da muß mir
das paſſiren! — Ob ich mich todt ſchieße? — Damit wäre freilich auch nichts gewonnen. Ein Glied
weniger in der großen Kette, und wir bilden einmal
eine große Kette. Ich kann der Frau wegen nicht
den großen Dichter, meinen werdenden welthiſtori-
ſchen Namen aufgeben. Der Wachtelreiter hat mir
dieſen verbürgt. — O Himmel! Himmel! welch ein
Labyrinth, in dem ich mich herumwinde!

.   Und als die Sonn' am Abend ſinkt:

Ach Gott, meine Sonne ſinkt auch; und durch
Schuld meiner eigenen Thorheit.

Die Herzen bänger ſchlagen,

Nun mein Herz ſchlägt auch, und bange genug:
das weiß der Teufel, der mich dahin gebracht.

Der Mönch aus jedem Strauche winkt,

Ach! mir winkt die Stinte mit ihren blonden
Haaren und ihrem ſpitzigen Kinn aus jedem Strauche
nicht allein, ſondern aus jeder Wandritze dieſes verdammten Zimmers.

Die ganze Luft iſt wund und weh —

Ja, mir thut Alles weh — Alles! Herz, Kopf
und Magen. Das verfluchte Mineralwaſſer! Wie
ein Stein liegt es mir im Leibe. Und

Der Rappe ſchlendert in den See.   . .

Ja — ich, das Heupferd, ſchlendre in das Ehe-
II.   **7**

joch der Stinte. — Was werde ich zu thun haben, um ihr nur den Dialect abzugewöhnen und ihr den Unterschied des Dativs und Accusativs begreiflich zu machen. — Masch Allah! — Welch ein Teufel hat mich geritten! So war mir noch nie zu Muthe. Weshalb mußte ich auch nach Alexanderbad kommen. Und der Förster, der Prosaiker, schnappt mir die Basler, um mit „Kalb" zu reden, so zu sagen, das Compliment vor der Nase weg. — Wozu dient aber diese Rathlosigkeit? Ich muß in den Salon. Augustens schnelle Zunge und noch mehr die ihrer Mutter — schon der Gedanke an diese könnte mich zum Selbstmord reizen — wird das neue Verhältniß schon besprochen haben. — Ich will mich ermannen; es ist nun einmal nicht zu ändern. Der verfluchte Waldspaziergang ist an Allem Schuld. — Nie wieder: — ja was nun? Ich spaziere ja von jetzt an für ewig am Arm der Stinte herum. — Ich will gehen. Komme Heil oder Unheil über mein Haupt."

Er setzte mit Haft seinen Hut auf und erblickte im Augenblick, wo er die Stube verlaßen wollte, auf seinem Tische einen Teller voll halbreifer Aepfel. Er nahm einige davon und verschlang sie voll Wuth.

„Ja," declamirte er, „euch saure Aepfel will ich vernichten; muß ich doch in den sauersten aller Aepfel beißen. — Gott befohlen! für dieses Leben!"

Er warf die Thüre krachend hinter sich zu und
flog in den Salon.

Die ganze Gesellschaft empfing ihn glückwünschend
an der Thüre. Auguste hing sofort an seinem Arme,
die Schwiegermutter küßte ihn, Frau von Schnabel
rief: „das hab' ich ja vorausgesehen!" der Medizinalrath warf Augusten einen bedeutsamen Blick zu —
sie nickte.

„Du siehst blaß aus," flötete die Braut, „aber
dieß kleidet den Bräutigam gut in so wichtiger Stunde.
Ich, das Mädchen, muß erröthen. Wie Du zitterst!
O, ruh an meinem treuen Herzen!" —

„Ja!" stöhnte Neumann und wandte sich zur
Gesellschaft; „ich danke, danke viel tausendmal. Es
wird Sie überrascht haben — mich auch. Aber im
Anblicke von Glücklichen" — der Förster und die
Basler standen gerade Arm in Arm vor ihm —
„wünscht man auch ein Glücklicher zu werden! Ja!"

Er wand sich aus dem Knaul, der ihn umgab
und stürzte auf mich los, der entfernt im Fenster
lehnte, und seufzte mir ins Ohr: „Bruder! jage
mir eine Kugel durch den Kopf. — Ja — ich bin
ein Pferd, ein großes Pferd, ein kolossales Pferd —
Du hattest Recht."

„Sei ruhig, ruhig," entgegnete ich, „und mach'
kein Aufsehen. Es ist einmal geschehen und nun nicht

mehr zu ändern, handle einmal als Mann; komm'
zur Gesellschaft zurück."

— Wir gingen zur Tafel. — Mein Bräutigam
von der traurigen Gestalt, jagte, um sich heiter zu
stimmen, ein Glas Champagner nach dem andern
durch den Hals, trotz dem, daß ihm der Medicinalrath drohend winkte, wegen der schon bestehenden und
eben begonnenen Kur. — Die jungen Mädchen hatten inzwischen Blumenkränze gewunden und schmück-
ten das junge Brautpaar, während die Bergmusi-
kanten eine schmetternde Fanfare ertönen ließen. Neumann mußte sich erheben und sich laut bedanken. Es
schien ihm sauer zu werden, doch, glaub' ich, fügte
er sich nach und nach in das Unvermeidliche. — Da
der Fürst und der Kammerherr einer Jagdpartie wegen
heut nicht mit uns tafelten, so waren wir ungenirt
und wurden im Verlaufe der Unterhaltung recht heiter, beinahe ausgelassen. —

Für den Nachmittag wurde eine Berg- und Wald-
partie beschlossen und in der paradiesischen Gegend
beim heitersten Wetter auch ausgeführt. Wir waren
alle fröhlich, Einen vielleicht ausgenommen. Die
junge Stinte wich und wankte nicht einen Moment
von Neumann's Arme. Sie hatte ihm tausend Wich-
tigkeiten zu sagen. Immer schloß sie sich die Letzte
dem Zuge an.

Als der Mond über der Siegershöhe aufzog und die Abendnebel über dem duftigen Thal und dem rauschenden Bache woben: da kehrten wir heim und beschlossen den denkwürdigen Tag mit Souper und Ball.

Als wir uns von den Damen getrennt und mein Freund von Auguste einen Gutenachtkuß nach dem andern hatte, machte er Miene, mich am Arme zu fassen und wollte mich auf einem Umwege nach meiner Behausung begleiten. Er müsse sein Herz ausschütten, wie er sagte.

„Heut nicht, Bruder, nur heute nicht," bat ich und entzog mich ihm. „Ich bin müde wie ein Jagdhund und Du wirst auch der Ruhe bedürfen. Schlaf aus — auch ich will es thun. Morgen — morgen gewähr' ich Dir Alles. Gute Nacht."

— „Gute Nacht," seufzte er; „auch Du willst mich verlassen?"

„Gute Nacht, Bruder! schlag Dir das aus den Sinnen." Ich entlief ihm und verschwand im Logirhaus. — Er aber wandelte noch weiter zum Brunnen und dem verhängnißvollen Waldwege entgegen und seufzte und klagte im Mondschein, wie eine ossianische Wehmuthsgestalt. —

— Meinem Freunde mochte es in Alexanderbad nicht ganz geheuer sein. Gefiel ihm unsere Gesellschaft nicht mehr, oder mißbehagten ihm die täglichen

Weltschmerzkuren nicht, welche Auguste schlau allmor=
gentlich an ihm übte: kurz nach acht Tagen schon
machte er Auguste und der Mutter den Vorschlag, ihn
nach Dobberan zu begleiten, in dessen Nähe er Be=
sitzungen hatte. Im Uebrigen war er in den letzten
Tagen viel vernünftiger, unbefangen=heiterer gewor=
den; er hatte sich ein wenig in sein Loos gefunden
oder der Doctor hatte den Sitz seiner Krankheit ge=
troffen. —

Er gab uns noch einen Abschiedsschmauß, Auguste
weinte beträchtliche Thränen beim Abschied von den
jungen Damen, mit denen sie nach so kurzer Be=
kanntschaft schon ewige Freundschaft geschlossen. Dann
bestiegen alle drei den Wagen unter lautem Tusch der
Bergvirtuosen und dahin rollte das Fuhrwerk durchs
Thal nach H. — und trug den Inhalt seinem fer=
nern Schicksale entgegen. —

Auch ich verließ nach ein paar Tagen Alexander=
bad und die Frau von Schnabel und reiste auf einem
Umwege — weil die Cholera wieder in der Nähe spu=
ken sollte, vor der Hand meiner Heimath zu. — Erst
in Berlin sah ich Neumann wieder; doch davon ein
andermal. — Die Whisttische sind arrangirt, setzen
wir uns, meine Herren! —

*   *

Ich muß jetzt fortfahren, von jenem köstlichen Abende in Weißlinden zu erzählen.

Bei Tische hatte ich meinen Platz neben dem Gutsherrn, den beiden schönen Mädchen gegenüber. Der ehrwürdige Geistliche nahm die obere Ecke der Tafel ein, eine Frau Superintendentin gab es nicht; die war schon einige Jahre todt. — Die beiden Töchter, Mathilde hieß die Aeltere, die Brünette; Anna die Blonde — führten mit einer alten Haushälterin die Wirthschaft. Ich will in meiner Beschreibung erst bei den Mädchen stehen bleiben. Sie waren, wie gesagt, beide gleich schön, Mathilde größer und schlanker, Anna für ihre Gestalt üppiger gebaut; sie waren in ihrem Wesen geistreich, unterrichtet und doch so sittig, so einfach und bescheiden dabei, man mußte sie lieb gewinnen, weil sich dieß Alles mit einer innigen Fröhlichkeit paarte. —

Der Gutsherr war ein junger, schöner, leutseliger Mann; nicht so stolz und von oben herabsehend, wie die Herren in der Residenz. Er schien mir für sein Alter, seinen Reichthum etwas zu traurig, beinahe sorgenvoll, gar zu ernst. Nur wenn ihn Annas Augen, bei einer seiner Reden, trafen, schien er lebhaf-

ter zu werden. Daß er Vieles gelernt und große
Reisen gemacht, merkte man gleich seinen Erzählungen
ab, die er alle sehr anspruchslos gab. —

Daß er ein guter, sehr guter Mensch sei, merkte
ich gleich aus folgendem Umstande. Als das erste
Glas Wein getrunken werden sollte, erhob er das
seinige und sprach tief bewegt: „Das Erste der Asche
meines edlen, theuren Großvaters!" Ich sah, wie
eine Thräne in den Wein fiel.

Wir standen Alle auf und fließen an. Während
Anna trank, blickte sie dem jungen Gutsherrn recht
treuherzig, ich möchte sagen dankbar in die Augen.

„Ja," sagte der Superintendent, „Segen seinem
Grabe. Er war unser Aller Wohlthäter!"

— Der Herr von Schöneck schien seiner wehmüthigen Erinnerung weiter keinen Raum geben zu wollen und wandte sich zu mir, indem er sich nach meiner Stellung und meiner Beschäftigung in der Residenz erkundigte.

Ich erzählte ihm Alles; wie ich dahin gekommen,
Correpetitor geworden und schon nach drei Monaten
meiner Anstellung mit einem lebenslänglichen Gna-
dengehalte von vierhundert Thalern entlassen worden sei.

„Ei," rief er fast lachend, „da müssen Sie ja
Riesenwerke vollbracht haben in so kurzer Zeit. In

der Regel ist man nicht so großmüthig gegen ent=
laſſene Künſtler."

Ich ſtockte und gerieth in Verlegenheit. Den wah=
ren Umſtand konnte ich um keinen Preis verrathen;
erſtens weil mir jede Rede davon der Herr Präſident
unter Androhung allerhöchſter Ungnade verboten hatte,
und dann weil ich mich auch ſchämte, des ganzen
Auftritts bei der Neri vor den unſchuldigen Mäd=
chen zu erwähnen.

Es mußte durch eine Nothlüge geholfen werden,
welches freilich ein ſchlimmer Caſus, aber doch beſſer
war, als der Undank dort und die Beſchämung hier.

Ich antwortete deßhalb ſobald als möglich: „Ich
hatte einige Compoſitionen geliefert, ſie fanden höch=
ſten Ortes Beifall, man glaubte, ich habe Talent und
munterte mich daher auf. Ich darf zu meiner näch=
ſten Ausbildung auch reiſen. Vielleicht placirt man
mich ſpäter in der Reſidenz."

„Und was wollen Sie vor der Hand beginnen?
Wohin reiſen Sie vorerſt? Ich kann Ihnen vielleicht
einen Rath geben."

„Vor der Hand möchte ich gern nach Boxdorf,
meiner lieben Vaterſtadt. Dort will ich die Gräber
meiner theuern Aeltern beſuchen — und mich noch
ſonſt umſehen. Ich habe zudem gehört, daß daſelbſt
der Organiſt geſtorben ſei, und da kann ich mich viel=

leicht um die Stelle bewerben; ich möchte mich noch gern ein paar Jahre auf der Orgel ausbilden. Und, sehen Sie, gnädiger Herr, um es aufrichtig zu sagen: für die Dauer gefällt es mir doch nirgends so sehr, als in der Heimath. Selbst die schöne Residenz berauschte mich nicht — ach! sie erfreute mich nicht einmal."

„Darin gebe ich Ihnen Recht," sprach der Baron und drückte meine Hand; „gehen Sie nach Boxdorf — werden Sie Organist, ich kann Ihnen zu dieser Stelle behilflich sein, richten Sie sich häuslich ein, heirathen Sie ein braves Mädchen und wirken in Ihrem Berufe. Wollen Sie reisen, so reisen Sie erst als gereifter Mann. Ich gebe Ihnen diesen Rath aus eigener Erfahrung. Anders aber ist es, wenn der Trieb in Ihnen für die Kunst gar zu mächtig ist, wenn Sie als gefeierter Virtuos und Componist die Welt mit Ihrem Ruhme erfüllen wollen: dann folgen Sie diesem Drange; dann reisen Sie. Die Laufbahn ist dornig, aber oft lohnend."

— „Ach! nein, Herr Baron, meine Liebe zur Musik ist gewiß groß und innig; aber nicht für die Oeffentlichkeit, für den Weltmarkt. Ich musicire eben so gern allein für mich, oft noch lieber, als öffentlich. — Ich habe das in der Hauptstadt kennen lernen, wie wahre Kunst, Flimmer und Handwerk durcheinander greifen und Eins das Andere verdrängen will; dabei blutet Einem oft das Herz."

„Wohl, mein junger Freund!" bestätigte der Baron, „und da draußen in der Welt werden Sie das noch schlimmer finden, je mehr sich Ihr Gesichtskreis erweitert. Ich habe das erfahren. Ich suchte Belehrung, Genuß, Freude; ich fand sie manchmal: aber den Frieden nicht, den hab' ich dort begraben, und Sie, mit Ihrem weichen, arg= und erfahrungslosen Herzen könnten leicht zu Grunde gehen. Bleiben Sie bei uns."

Ich dankte und da wir uns jetzt von der Tafel erhoben, machte ich Miene, mich zu empfehlen.

„Nichts da —" rief der Herr Superintendent, „Sie sind zu gut empfohlen und empfehlen sich selbst so gut, daß ich Sie unmöglich dem Gasthof und seinem Geldarme überantworten kann. — Sie wohnen bei mir, Ihre Stube ist bereits eingerichtet. Mathilde hat's besorgt, als sie sich vorhin auf kurze Zeit entfernte."

„Ich würde Sie bitten, bei mir im Schlosse zu wohnen," sprach der Gutsherr verbindlich, „wenn ich nach dem kürzlich erfolgten Tode meines Großvaters nicht selbst auf nur zwei Stuben beschränkt wäre."

„Sie sind sehr gütig, sehr gnädig," versetzte ich

mich verbeugend — „wenn Sie befehlen, werde ich Ihnen diesen Einen Tag zur Last fallen."

— „Nichts da," gebot der geistliche Herr, „das wäre schön. Vierzehn Tage müssen Sie bleiben; Leute wie Sie, läßt man nicht so leicht los. — Jetzt fort — ich lasse Ihre Sachen aus dem Gasthause holen und Sie quartieren sich in meinem kleinen Nebenhause ein. Sie finden dort eine köstliche Aussicht und ein Clavier. — Nun folgen Sie uns."

Der Baron war vorausgegangen und hatte Anna den Arm gereicht. Ich wollte nicht ungalant sein, obgleich ich so befangen war, und bot Mathilden den meinigen; er wurde angenommen — der alte Herr schlenderte hinterdrein. —

Meine Hand zitterte bei ihres Arms Berührung. Es war nun ausgemacht, diese beiden Mädchenstimmen waren dieselben, welche ich heut im Dickigt gehört. Aber auch ihre Bilder summten und flatterten vor mir, ich mußte die beiden Mädchen schon einmal gesehen haben; ich sann und sann — aber ich mußte mich von dem Brüten losreißen; denn Mathilde sprach schon eine geraume Zeit, ohne daß ich ihr Antwort gab.

Es war draußen herrlicher Mondschein. Wir gingen durch eine vierfache Obstallee zuerst dem herrschaftlichen Schlosse zu und dann nach der Super-

intenbentur. Der Salon, wo wir gespeift, lag am
Ende des Parkes, dem Wirthshaus schief gegenüber.

Am Schlosse machten wir Halt, der Baron em=
pfahl sich.

Er rief mir beim Scheiden noch zu: „Besuchen
Sie mich ja morgen."

Ich versprach's. Wir trennten uns. Die Pfarr=
wohnung lag noch einige hundert Schritte weiter oben.
Sie war stattlich und schimmerte blendend=hell im
Mondlichte.

„Ein herrlicher, liebenswürdiger Mann," sagte
ich beim Weitergehen.

„Gewiß!" versetzten Mathilde und der Vater und
dieser fuhr fort: „er wird viel geliebt, weil er uns
ja auch Alle liebt. Gerade wie sein seliger Groß=
vater. Der Vater starb früh, den kannten wir kaum;
er lebte auch immer in der Residenz. Der Alte aber
war am Liebsten bei uns, namentlich seit er den
Staatsdienst verlassen. Als Weißlinden vor drei Jah=
ren fast ganz abbrannte, ließ er den Flecken großen=
theils auf seine Kosten bauen. Er sagte: Mir hat
der Zufall mein Schloß erhalten — es steht nämlich
noch — warum sollen meine Bauern unglücklicher sein,
als ich. Der damalige Schrecken hat auch meine
selige Frau ins Grab gebracht. Gott segne ihr An=
gedenken!"

Während wir sprachen ging die schöne Anna ne=
benbei und hatte das Köpfchen gesenkt und schien über
etwas nachzudenken.

„Da sind wir endlich zur Stelle," sagte der Hoch=
würdige; „treten Sie indessen mit uns in die Ge=
sindestube, gleich sollen Sie Licht und die alte Hanne
zur Führerin haben. Sie werden müde sein; morgen
plaudern wir ein Bischen länger."

Hanne kam, der alte Herr reichte mir die Hand,
auch die beiden Mädchen thaten es, zogen sie aber
scheu zurück, als ich sie ihnen küssen wollte.

Wir wünschten uns gute Nacht. Ich folgte mei=
ner Führerin über den Hof in das Nebenhaus und
trat in eine niedliche, blumenduftende Stube im ersten
Geschosse.

Die Alte stellte eine Wasserflasche und das Licht
auf den Tisch und raffte von demselben eine bunte
Stickerei zusammen. „Da hat Mathildchen," brummte
sie, „doch etwas vergessen!"

„Das Fräulein wohnt also hier?" fragte ich hastig.

„Nicht immer — sie schläft oft bei der Schwester.
Wir haben sehr viel Gelaß; des Tages arbeitet sie
gewöhnlich hier und nur wenn sie — was der Papa
aber streng verboten — im Bette lesen thut — schläft
sie auf diesem Zimmer."

„Da habe ich die Gute wohl verdrängt?"

— „Bekümmern Sie sich darum nicht, junger
Herr — wir haben, wie gesagt, sehr viel Gelaß und
Betten genug, um zwanzig Personen zu beherber=
gen. — Wünsche wohl zu schlafen.“

Die Alte ging. Ich öffnete mein Reisebündel und
begann mich einzurichten. Dann schritt ich tief be=
wegt in der Stube auf und ab. Wundersame Ge=
danken, Träume, Erinnerungen durchbebten mich.

„Die herrlichen Menschen,“ rief ich; „welche
Masse von Wohlwollen haben sie bereits in so wenig
Stunden über mich ausgegossen! Und ich habe es
doch gar noch nicht verdient. — Ja, das ist Mathil=
dens Zimmer; dort im Fenster hat sie noch ihr schnee=
weißes Nachthäubchen vergessen. Ob ich’s an die Lip=
pen drücke? Ei ja doch! das ist keine Sünde!“

Und ich bedeckte hastig und wie verstohlen das
weiße Häubchen mit zahllosen Küssen.

In den Fenstern standen in zierlichen Vasen Blu=
men. Diese hatte sie gewiß selbst gepflückt. „Ich
will eine davon nehmen, eine brennende Nelke, und
sie als Angedenken in mein Taschenbuch legen. Den
Raub kann sie verschmerzen und für mich ist die
Blüte ein Schatz süßer Erinnerung.“ —

Ich nahte mich jetzt dem Bette. Es durchschauerte
mich wonnesüß. Darin, vielleicht nur auf dieser Stelle
hat das holdselige Kind gebetet, geruht, geträumt!

Die Kissen vernahmen ihre leisesten Wünsche und Hoff=
nungen, ihre frommen Vorsätze. Daß ich hier schlafen
soll: der Gedanke macht mich wonneselig und doch
wieder angstbeklommen.... Und vor dem kleinen
Spiegel dort stand sie im reizendsten Gewande und
ordnete ihr dunkles Haar!

„Wie ist dieses Mädchen," dachte ich, „ganz
anders als jenes Lottchen —; nun Lottchen war
anfangs auch gut, nur verblendete sie später der Glanz
der vornehmen Welt — und wie viel reiner, besser,
als jenes arme Malchen und die Neri und alle die,
welche ich sonst kannte. Es ist etwas ganz Beson=
deres an ihr, so ein Stück vom Himmel in ihren
Augen, im ganzen Wesen. Auch die Schwester ist
gleich hold: hätte ich aber die Wahl — mein müßte
Mathilde sein. — Du Thor!" sprach ich weiter,
„wie wäre daran zu denken! Du mit Deinen vier=
hundert Thalern, welche für Dich freilich ein Reich=
thum sind — und sie, die reiche Superintendentens=
Tochter, die Tochter eines so hochgestellten Mannes.
Du kannst es höchstens bis zum Organisten bringen.
Mathilde wird gewiß noch die Frau eines Consisto=
rialraths oder Rittergutsbesitzers. Ist doch Lottchen
Frau Baronin geworden. — Was helfen all' die
Träume, gieb sie auf! — Eine Lehre aber habe ich
gewonnen, wie doch nur hier in der Stille des

Landlebens die Unschuld und der Friede gedeihen und wie
beides Wahrheit sind, während dort aller Glanz und
aller Prunk Lüge war. — Nun, ich will schlafen und
zu träumen suchen. Kann ich auch nicht hoffen,
Mathilde zu besitzen, so darf ich doch wohl von ihr
träumen fromm und keusch, wie sie es selbst ist."

Ich warf mich nervendurchzittert auf das Lager
und schloß die Augen, aber entschlummern konnte ich
nicht. Es wirbelte vor meinen Blicken in wechselnd
bunten Farben und Gestalten, es war als hob mich
eine unsichtbare Gewalt zur Decke empor und
schauckelte mich hin und wieder, wie in einer Wiege.
Lottchen, die Neri, die braune Bauerndirne, Malchen,
der Gnadenmensch, der Intendant, die Tänzerin und
endlich vor allen rein und herrlich=thronend, Mathilde,
zogen, flogen und gaukelten vorüber; so schwelgte ich
zwischen Wachen und Traum in seliger und trauriger
Rückerinnerung. — Endlich mußte ich doch einge=
schlafen sein; denn als ich erwachte, stand die Sonne
sehr hoch. Ich erschrak — sprang aus dem Bette
und kleidete mich rasch an. Zum Glück hatte ich
diesmal einen ganz neuen Anzug — ich hatte mir
ihn zur Hochzeit mit Malchen anfertigen lassen —
in meinen Tornister gepackt und konnte mich also
stattlich präsentiren. Als die alte Hanne bemerkt
haben mochte, daß ich die Gardinen aufgezogen. kam

sie und lud mich ein im Garten den Kaffee mit seiner
Hochwürden und den Mamsellen einzunehmen.

Ich folgte ihr und trat in den Garten, woselbst
ich die Predigersfamilie bereits in einer Blätterlaube
versammelt fand.

„Nun wie geschlafen?" fragte der alte Herr und
trat mir entgegen, „hoffentlich gut nach der gestrigen
Müdigkeit." Die Mädchen boten mir einen freundlichen guten Morgen und luden mich ein in die Laube
zu treten, wo bereits der Kaffee stand. — Mein
Gott! dachte ich, wie sollte ich nicht glücklich geschlafen
haben, in Mathildens Zimmer, wohl gar in ihrem
Bettchen!

„Wie gefällt Ihnen hier die Aussicht?" fragte
der Superintendent, während die Mädchen abwechselnd den trefflichen Kaffee kredenzten. — Die Laube
war hinten offen, zwanzig Schritte von derselben
wälzte sich der breite grüne Strom hin, von zahllosen
Schilfinseln besät. Am jenseitigen Ufer erhob sich ein
mächtiger Wald von Eichen und Buchen.

„Herrlich, herrlich," versetzte ich, „so einfach und
doch so großartig „schön!"

„O!" bemerkte Mathilde, „wir haben von unsrer
Seite hier noch viel schönre Ansichten — besonders
aus unserm Garten. Wir wollen Sie dann führen
und Ihnen die interessantesten Punkte zeigen. Vollends

aber vom Balkone des Schlosses ist die Aussicht
bezaubernd. Man kann von da den Strom in
seiner ganzen Breite und Länge, bis dahin, wo er sich
hinter das Waldgebirge in einem langen Bogen krümmt
und verschwindet, so auch das jenseits aufsteigende
Gebirge überblicken. Selbst im Winter ist die Land-
schaft reizend." —

„Nun aber Kinder!" sprach der Prediger, auf-
stehend, „überlasse ich Euch unsern lieben Gast; ich muß
in die Kirche. Vergessen Sie den Besuch beim Gutsherrn nicht. Und werden Sie uns nicht abspenstig —
Sie essen heut bei uns."

· Er ging. Auch wir erhoben uns bald — die
Mädchen mit ihrem Strickzeug — und wandelten
durch den Garten. Bald verließ uns Anna und eilte
in das Herrenhaus. Ich war nun an Mathildens
Seite allein in traulichem Gespräche. Ich mußte ihr
von der Residenz, welche sie nur einmal als Kind gesehen, erzählen. Das solide Mädchen lachte oft hell
auf, wenn ihr in meiner Darstellungsweise etwas
drollig erschien. Was ich ihr vom Theater berichtete, war ihr eine Wunderwelt. Vieles, was ich be-
und erfahren, verschwieg ich natürlich. Sie hatte
bisher nur die Darstellungen einer reisenden Truppe,
die alljährlich sich für einige Wochen in dem nahen
Städtchen niederließ, gesehen und' gestand offen, daß

8*

sie davon wenig erfreut und erbaut worden. „Da fand ich in der Lectüre unserer Dichter einen reinern, ungestörtern Genuß. Ich denke mir entweder vollendet dargestellt oder lieber gar nicht."

Ich stimmte ihr bei. —

Wir schritten durch den Obst- und Gemüsegärten und kamen in ein kleines Bosket. Mathilde ging auf dem krummen Fußpfad voran, das Gebüsch öffnete sich und Wald und Fluß lagen dicht vor uns. — Zu unsern Füßen schwankte eine Gondel. Jenseits zwischen dichtem Gebüsch war eine Stelle von einer hellen Breterwand eingezäunt, und mit einem Leinwanddache bedeckt.

Ich blickte auf die Gondel vor uns, ich warf einen Blick ans Ufer drüben, einen zweiten in Mathildens Augen und wie Schuppen fiel es von den meinigen: Das war der Ort, wo ich die badenden Mädchen belauscht, und die badenden Mädchen waren: Mathilde und Anna!

Ich erschrak so, daß ich erröthete und erbebte. Mathilde bemerkte dieß und sagte: „Fehlt Ihnen etwas?"

„Nein," stotterte ich, „die glühende Sonnenhitze und der Kaffee haben mir heiß gemacht."

„Können Sie rudern? — ich führe das Steuer; wenn Anna kommt, wollen wir eine Wasserfahrt ans

jenſeitige Ufer machen. Es iſt dort wunderſam friſch
und ſchattig. Wenn nur die böſen Mücken nicht wä=
ren. Doch eben fällt mir ein: Sie müſſen ja zum
Gutsherrn — da darf ich Sie nicht länger abhalten;
er wird Sie längſt erwartet haben. In ſeiner Ein=
ſamkeit iſt ihm Ihr Beſuch doppelt theuer. Alſo ein
andermal. Sie bleiben ja noch recht lange bei uns.‟

Wir kehrten zurück. Ich war deſſen ſeelenfroh;
denn indem jene Scene wieder ſo lebhaft vor meinen
Geiſt trat und das herrliche Mädchen, das ich damals
ſo grauſam geneckt, neben mir ging, ſchämte ich mich
ordentlich vor mir ſelbſt.

Im Hofe kam uns Anna entgegengeſprungen.
Sie vermuthete uns noch im Garten. Ich empfahl
mich. „Empfehlen Sie uns auch dem Herrn von
Schöneck beſtens,‟ riefen mir die Mädchen nach, als
ich den Weg nach dem Schloſſe einſchlug.

Sonderbar, dachte ich, Anna, obgleich um zwei
Jahre jünger als ihre Schweſter, iſt doch lange nicht
ſo heiter und fröhlich und auch nicht mehr ſo ausge=
laſſen wie damals, als ſie ſich Beide beim Baden
neckten. —

Der Baron empfing mich in ſeinem prächtigen
Schloſſe, in deſſen Innern aber wegen des ſtattgehab=
ten Todesfalles in Meubeln, Gemälden, Gardinen
und dergleichen noch eine große Unordnung herrſchte,

denn der jetzige Besitzer gedachte es ganz neu einzurichten; — mit einer Herzlichkeit und Freundlichkeit,
als wäre ich seines Gleichen. Er nöthigte mich in
seine, in der That beengten Stubenräume, und ich
mußte ein köstliches Gabelfrühstück einnehmen; dann
öffnete er mehrere Schränke nach einander und zeigte
mir die Kostbarkeiten, welche er von seinen Reisen
mitgebracht; es waren darunter prachtvolle Steine
und Metallarbeiten aus alter und neuer Zeit, Ge-
mälde, seltene getrocknete Pflanzen, Thiere in Spiri-
tus, sämmtlich mir noch unbekannt, Bilder aus Vo-
gelfedern zusammengesetzt, Muscheln, Versteinerun-
gen u. s. w. — Besonders reichhaltig war sein Album:
Zeichnungen, schwarz und farbig, theils halb, theils
ganz ausgeführt, schöne Gegenden, malerische Städte,
Figuren in den sonderbarsten oft reizendsten Trachten.
Auch eine reiche Briefsammlung besaß er, die Hand-
schriften von lauter berühmten Männern. Ich konnte
nicht genug schauen und staunen. An drei Stunden
lang besah ich mir die Herrlichkeiten, welche mir der
Baron bereitwillig erklärte. —

Indessen war es bald Mittagszeit, zudem glaubte
ich beschwerlich zu fallen und empfahl mich. —
„Morgen, mein Freund,“ sagte Herr von Schöneck und reichte mir die Hand, „wollen wir unsere Beschauungen fortsetzen, wenn es Ihnen ge-

fällt; denn auch mein Großvater hat Vieles ge=
sammelt." —

Er entließ mich und ich eilte der Superintenden=
tur zu. „Ach, die Reichen," seufzte ich auf dem
Wege dahin, sie sind doch die Glücklichen! „Sie kön=
nen ihr Leben mit so viel Schönem und Nützlichem
umgeben und nebenbei so viel Gutes stiften. Wir
Armen dagegen vermögen nichts zu bieten, was das
eigene und fremde Leben schmückt und beglückt. Frei=
lich, sagt man wieder, Reichthum allein macht nicht
glücklich. Aber ich glaube doch, wenn man ein gut
Gewissen und das Herz auf der rechten Stelle hat.
Viele Reiche wissen nur von ihren Schätzen keinen
rechten Gebrauch zu machen, sie machen davon wohl
gar einen schlimmen. — Nun, Gott hat es einmal nicht
haben wollen, daß ich reich geboren werden sollte.
Freilich, wär' ichs — könnte ich leicht um Mathilde
freien. Was hilft das Grämen. Es ist einmal so!"

In der Hausthüre erwartete mich bereits der Hoch=
würdige mit seinen Töchtern. Es war Essenszeit.
Ich entschuldigte mich durch den Umstand meiner Ab=
haltung und erwiderte die Grüße von Seiten des
Herrn von Schöneck.

Wir speisten in einer großen kühlen Stube des
Erdgeschosses. Ich saß zwischen Mathilde und Anna;
auch die alte Hanne hatte ihren Platz an der Tafel

der Herrschaft. Dieß erschien mir recht patriarchalisch.
Nachdem der Ehrwürdige ein herzliches, kurzes Tisch=
gebet gesprochen, ließen wir uns nieder und nahmen
unter heiteren Gesprächen ein treffliches Mal ein. Die
beiden Mädchen gingen ab und zu, halfen wirthlich und
geschäftlich der alten Hanne bei der Bedienung. —

Der Baron war so artig, uns durch den Jäger
aus seinem Keller Champagner zu schicken und lud
sich zugleich beim Superintendenten zum Kaffee ein.

„Bravo! bravo!" rief der alte Herr wohlgefällig
und entpfropfte die erste Flasche und schenkte uns ein.
„Nun da sei ihm, dem Ehrenmanne, auch das erste
Glas geweiht!"

Wir stießen an; als ich Anna's Glas berührte,
bemerkte ich, daß ihre Hand leis' erzitterte und ein
Seitenblick überzeugte mich von ihrem flüchtigen Er=
röthen. In eben demselben Augenblicke wurde die
Thüre geöffnet und der Spender des Weines trat
herein. Der Superintendent, wir Alle erhoben uns
rasch; Anna aber wurde purpurroth, verneigte sich
und verließ die Stube. Gewiß wollte das Mädchen
irgend eine Verlegenheit verbergen.

„Willkommen, willkommen!" rief der Ehrwürdige
freudig, „eben gedachten wir unsers verehrten Patrons,
des Labespenders, des Uebersenders sothanen Nectars
in einem herzlichen Toaste."

„Ich will nicht stören; ich glaubte, Sie säßen schon beim braunen Mocca," sagte der Baron.

Inzwischen war Mathilde aufgesprungen und hatte ein Glas vor den Baron gestellt, der sich bei uns niederließ. Auch Anna war etwas weniger befangen, zurückgekehrt.

„Zuvörderst," begann der alte Herr, den der Wein recht heiter und liebenswürdig gestimmt, „dem wackern Geber unsern herzlichsten Dank!"

„Setzen Sie mich nicht in Verlegenheit," sagte lachend der Baron, „Sie sehen ja, ich bin nur gekommen, um mit zu trinken. Allein mundete es mir nicht!"

„Da wir nun," fuhr der Superintendent in seiner Laune fort, „den Wein haben und Sie, meine jungen Herren, hoffentlich recht bald eine Frau finden werden, so fehlt uns nur der Gesang und deshalb fordre ich unsern gesangeskundigen Freund aus der Residenz auf, uns denselben zu leisten."

„Ja, ja!" riefen die Uebrigen.

Ich wollte mich entschuldigen, zumal es sich nach eingenommener Mahlzeit nicht gut singen lasse; aber ein längeres Sträuben wäre unziemlich gewesen und so setzte ich mich daher an's Piano und sang ein heiteres Champagnerlied.

Allgemeines Bravo wurde mir zu Theil, das

lauteſte vom Ehrwürdigen, der ſich in die fröhlichſte
Stimmung verſetzt hatte.

Der Baron aber nahm meine Hand und ſagte:
„Nachdem ich Ihre wirklich ſchöne Stimme gehört,
begreife ich Ihre Vorliebe für die Muſik ganz wohl,
ſo wie, daß man ſich beim Hoftheater durch den Jahr=
gehalt hat Ihrer verſichern wollen. Mit dieſer Stimme
können Sie in der That in der Welt Ihr Glück
machen und Ruhm und Geld erndten. Ob aber Ihr
ſchlichtes, ich möchte ſagen, befangenes Weſen Sie
für die Bretter qualifizirt, vermag ich nicht zu ent=
ſcheiden, möchte es beinahe bezweifeln. Aber daß man
ſich dieſen Tenor entgehen, daß man ihn ohne Ver=
bindlichkeit gehen und von einer andern Bühne leicht
gewinnen läßt: das begreife ich nicht. Da muß ein
anderes Motiv dahinter ſtecken; vielleicht Künſtlerka=
bale, Intendanten= oder hohe Protection. Ich kenne
Dergleichen. — Aber das müſſen Sie mir noch ein=
mal erzählen.“

Ich verbeugte mich nach dem Beifall, tief errö=
thend, und ſagte: „Nein, um des Himmels willen,
Herr Baron, nie, nie würde ich die Bühne betreten,
um keinen Preis, lieber Dorfſchulmeiſter werden.
Ich weiß ſchon, was ich durch Befangenheit leide,
wenn ich vor nur wenigen Perſonen ſingen ſoll, was
würde ich erdulden, ſollte ich die Bretter betreten,

vor die Lampen hin, tausend Blicke auf mich gerichtet, tausend Ohren gespitzt. Dahin vermöchte mich keine Macht der Erde zu bringen. — In der Kirche mit Freuden; nur nicht auf der Bühne. Ich weiß nicht, ob ich's selbst in einem kleinen Conzerte im Stande wäre. Noch dazu auf dem Theater das fremde, beengende Costüm, der laute Beifall und Tadel, die Kritik der öffentlichen Blätter: nein! nein! lieber Dorfschulmeister, wie gesagt."

„Nun, die Befangenheit würde sich, wie das häufig der Fall, mit der Zeit geben und was die Darstellung betrifft, so läßt sich darin Vieles lernen. Ihre Abneigung wundert mich zudem, da Sie mit einem Fuße doch schon beim Theater waren. Indessen — gebe ich Ihnen Recht; ergreifen Sie das, wozu Sie das Herz treibt. Sie haben dann weder sich noch andern Vorwürfe zu machen."

„Schade, schade!" sprach der Superintendent, „daß Sie nicht zum Erntefest hier sind, wo wir eine große Musikaufführung haben, Sie müßten mitwirken."

„Dazu könnte wohl Rath werden," sagte ich, „denn ich könnte, wenn es sonst die Umstände gestatten, wiederkommen. Bordorf ist ja nicht so weit von hier."

— „Topp, ich nehme Sie beim Wort!"

„Wenn Sie aber erlauben — es ist morgen Sonntag;

so will ich die Orgel spielen. Ich weiß freilich nicht,
ob ich es gegen den Herrn Cantor wagen darf."

— „Der ist ein alter, guter Mann, aber in der
Musik in der That kein Meister. Da brauchen Sie
nicht fürchten geschlagen zu werden. — Mathilde!
singe doch mit Herrn Werner mein Lieblingsduett
aus der Jessonda. Ich bin meinem Stande gemäß
natürlich kein Theatergänger und kann mich nicht
viel mit weltlicher Musik befassen; aber ich schätze und
liebe das Schöne unter allen Formen."

Ich eilte an's Piano, Mathilde erröthete und
sagte: „Ich, die Stümperin — mit dem Meister.
Ach, Himmel! wie wird mir's da ergehen. Vor dem
Schulgehilfen habe ich keine Angst, aber vor Ihnen,
mein Herr aus der Residenz, in dessen Ohren noch
die Meisterleistungen der Primadonnen nachklingen."

„Zier' Dich nicht, der Herr wird schon Nachsicht
haben." —

— „Nun denn," seufzte Mathilde „auf die Ge=
fahr hin ausgelacht zu werden," und legte das No=
tenheft auf und stellte sich, um besser sehen zu können,
dicht neben mich, so daß ihr Arm meine Schulter
berührte. Mir wurde warm, als das schöne Mädchen
manchmal ihr Haupt bis zu meinem Gesicht hernie=
derneigte und ihr Athem über meine Wangen flog.

Mathilde hatte eine wunderschöne, aber noch wenig

gebildete Stimme. Indeſſen ging Alles gut zu Ende; ich muß nemlich ſelbſt geſtehen, daß wenn mir manch= mal Mathildens Locken gar zu nahe kamen — meine Sicherheit auch nicht weit her war.

Wir endigten unter allgemeinem Applaus und ſetzten uns wieder zu Tiſche und plauderten heiter und fröhlich.

Nachdem der Champagner getrunken war, ging's in den Garten zum Kaffe. — Aus der Stadt waren die Zeitungen angelangt.

Sie würden bald bei Seite gelegt; es ſtand auch nichts Erhebliches darin. Nur mich intereſſirte die Kunſtnotiz aus der Reſidenz, daß die gefeierte Hof= opern= und Kammerſängerin Neri einen ſechsmonat= lichen Urlaub erhalten habe.

Nach dem Kaffee, als ſich die Tageshitze in etwas gelegt, unternahmen wir ohne den Vater, der ſeine Mittagsruhe hielt, eine Waſſerfahrt. Man brachte mir eine Guitarre. Mathilde ſetzte ſich an's Steuer und der Baron ruderte. Mir gegenüber hatte ſich Anna niedergelaſſen. Wir fuhren das jenſeitige Ufer entlang im Schatten der grünen Bäume, deren dicht= belaubte Aeſte tief niederhingen und einen duftigen Baldachin über unſern Häuptern bildeten. — Ich ſang bunte Lieder während der Fahrt, die Töne ſchallten weit hin auf dem ruhigen Waſſerſpiegel und

wiberhallten verstärkt aus der grünen Waldesfin=
sterniß. —

Nachdem wir ermüdet waren und die Sonne zu
sinken begann und weiße Nebel auf seiner Fläche sich
bildeten, kehrten wir heim. —

Ich brachte den Abend beim Baron zu; er zeigte
mir werthvolle alte und neue Kupferstiche. Mir lag
es schwer auf dem Herzen, daß ich ihn — der so
offenbar mir wohlwollte — wegen meines Abgangs
vom Theater belogen hatte. Er wird dich gewiß
nicht verrathen, dachte ich, du kannst hier doch wohl
ohne große Gewissensbisse deinem Gelübde untreu
werden. — Ich begann also, der eigentliche Grund mei=
ner Entlassung vom Theater, sei die Sängerin Neri
gewesen, von der wir so eben in den Zeitungen gele=
sen, und ein Auftritt, welchen ich bei ihr erlebt und
in Folge dessen ich meine Kündigung und den Gna=
dengehalt bekommen. Ferner, daß ich dem Herrn Prä=
sidenten habe versprechen müssen, die Sache geheim
zu halten.

„Mein Gott," sagte der Baron, „die Sache
kenne ich ja genau; ein Freund hat mir sie haarklein
geschrieben. Also Sie sind der Crispin Werner,
welcher dem famosen Auftritte beigewohnt. Und
warum verschweigen Sie das so ängstlich? Die
ganze Residenz spricht ja davon."

„Ich wollte auch in Gegenwart der Damen die=
sen delicaten Fall nicht berühren, besonders da ich
mit im Spiele war und man leicht eine falsche An=
sicht von mir gewinnen konnte."

— Der Baron lachte. „Sie sind gar zu furcht=
sam, und in den Augen aller Leute doch außer Schuld:
die Damen würden daran eben so wenig Verdächtiges
gefunden haben, wie ich und jeder Andere. Nun
schlagen Sie sich das aus dem Sinn. Daß Sie mit
Ihrer schlichten Natur solchen Conflicten nicht gewach=
sen sind, kann ich mir nun denken und daß man
von Oben die ganze Sache hat unterdrücken wollen,
ist begreiflich; daher die vierhundert Thaler und Ihre
Entfernung. Wie kann aber beim Theater etwas
verschwiegen bleiben?"

— Mir ging nun das Herz auf und ich erzählte
dem Baron meine Jugendliebschaft mit Lottchen und
unser Wiedersehen, meinen kurzen Brautstand mit
Malchen und dessen schreckliches Ende.

Der Baron hörte mir oft recht wehmüthig zu,
manchmal lachte er aber auch hell auf.

„Sie armer Crispin," sagte er mir vertraulich,
„nein! Sie passen durchaus nicht für die große Welt,
für das Residenzleben. Sie sind zu gut. Gehen
Sie nach Bordorf, oder bleiben Sie bei mir. Doch
das wird sich finden."

Wir sprachen noch dies und das —; ich trennte mich und weil es schon spät war, ging ich sofort auf meine Stube. —

— Es war Sonntag. Der Superintendent predigte und ich spielte die Orgel. Die ganze Gemeinde drehte den Kopf nach mir gleich nach den ersten Gängen. Es mußte doch wohl etwas anders klingen, als wenn der alte Cantor spielte. Aber ich nahm mich auch tüchtig zusammen; ich glaube, ich war noch nie so in Fluß und Feuer. Natürlich, die beiden schönen Mädchen waren ja auch in der Kirche und blickten zuweilen von ihren Gesangbüchern zu mir empor. Ich konnte es deutlich durch den Spiegel beobachten, der bekanntlich bei jeder Orgel über der Claviatur angebracht ist.

Nach dem Gottesdienste holten wir alle, auch der Baron, der im herrschaftlichen Stuhle gesessen — den Superintendenten in der Sacristei ab.

Er umarmte mich und sagte: „Sie sind ja ein Capitalmensch. Ich wollte, ich könnte Sie immer bei mir haben."

Ich dankte erröthend und seufzte innerlich: „Ach! ich bliebe auch gern immer bei Euch." —

Der Baron speiste diesmal bei uns. Wir vollbrachten einen herrlichen Mittag. Der Baron war heiterer als je und selbst Anna erschien mir heut einen Anflug von Munterkeit zu haben. Ueber Eins war ich im Unklaren: Fühlte sie sich zu dem Gutsherrn hingezogen oder mied sie ihn? Beides wechselte oft in wenigen Minuten. Den Uebrigen schien dies zu entgehen; mir nicht. —

Auch der Nachmittag verfloß uns reizend und genußreich, unter Gesang, Spiel und Lectüre. Der Baron hatte ein ganzes Paket neuester Gedichtsammlungen aus der Residenz erhalten. Diese wurden denn gemustert und theilweise besprochen, natürlich harmlos und nur indem wir bescheidentlich über dies und jenes Gedicht unsre Ansichten austauschten.

Gegen Abend machten wir einen Spaziergang in dem herrschaftlichen Park. Er war reich an reizenden, abwechselnd ernsten und lieblichen Partieen. Die Ueberladung von Grotten, Einsiedeleien, chinesischer Häuschen fehlte fast gänzlich, dagegen an jeder schönen Stelle eine Ruhebank und nur hier und da ein Tempel, eine natürliche Laube. Desto mehr freie, grüne Rasenplätze mit der Perspective nach einem Durchhau und der Aussicht auf eine majestätische Baumgruppe, ein einfaches Häuschen, eine Fontaine: Mehrere kleine Wasserfälle, rauschende Bächlein, die sich knapp an den Fußpfad im Dickicht hinwanden, hier und da ein Weiher von seltenem Geflügel belebt. Es war ein reizender Aufenthalt. —

Ich war im Verlaufe der Wanderung einmal mit
Mathilde hinter den Uebrigen zurückgeblieben. So
oft ich dem schönen Mädchen in die seelenvollen Augen sah, erbebte ich, indem ich mir zurufen mußte:
Und diese Unschuld konntest Du Sünder damals so
erschrecken! — Dabei aber kam mir auch Anna's
vormaliger Frohsinn wieder in den Sinn, der sehr
gegen ihre jetzige Stimmung abzustechen schien. —
Ich nahm mir ein Herz und sagte:

„Halten Sie mich nicht für indiscret, wenn ich
mir eine Frage erlaube. Mir scheint es, die Heiter-
keit Ihrer Fräulein Schwester komme nicht so recht
vom Herzen; es ist mir als ob ein Gram die Blüten ihres jugendlichen Gemüthes niederdrücke. Mir
ist, als müßte Fräulein Anna ehedem fröhlicher gewesen sein. — Doch verzeihen Sie mir ja diese Be-
merkung.“

Mathilde seufzte und sagte: „Mir scheint es auch
so; ich ahne vielleicht den Grund, doch darf ich nichts
aussprechen. Selbst die Schwester vermag ich darüber nicht zu befragen, ohne befürchten zu müssen,
ihr wehe zu thun. Sie ist so engelgut, aber reizbar
wie eine Sensitive. Sprechen wir weiter nicht davon,
verehrter Freund.“

Verehrter Freund! Dies Wort mußte ihr

unwillkürlich entschlüpft sein, denn ich sah sie gleich
darauf erröthen.

Wir gingen eine Weile schweigend neben einan=
der, bis wir die übrige Gesellschaft erreichten. Ich
hatte unterwegs wie zufällig Mathildens Hand er=
faßt, ich hielt nur ihre Fingerspitzen. Sie duldete
es, vielleicht nur aus Zerstreuung; aber ich war doch
namenlos glücklich. —

Den Abend brachten wir sämmtlich auf dem
Schlosse zu. Es waren inzwischen zwei Prunkzim=
mer eingerichtet worden, so daß der Baron auch die
Damen empfangen konnte. Wir schwelgten im An=
schauen seiner Kunstschätze, die sich nie zu erschöpfen
schienen.

Beim Souper, das glänzend arrangirt war,
machte er den liebenswürdigsten Wirth. Jedes Wort,
jede Manier zeigte den Mann von Welt, ohne daß
man dabei eine Absichtlichkeit bemerkt hätte. Er war
eben so gut vom Herzen, wie liebenswürdig in seinem
Aeußern.

Als er den ersten Toast den liebenswürdigen
Schwestern ausbrachte, war es wieder Anna's Spitz=
glas, das schwankte und abermals überzog sanfte
Röthe ihren lilienweißen Teint. Ich bemerkte dies
gleich; ich war ein scharfer Beobachter und glaubte

9*

nunmehr mit mir im Reinen zu sein. War es mir
ja bei Lottchen, meiner ersten Liebe auch so gegangen!

Wir trennten uns ziemlich spät. —

In ähnlicher Weise rauschten die seligen vierzehn
Tage vorüber, pfeilschnell, wie eine himmlische Stunde
des Paradieses.

Ich hatte während dem Mathilden mehrere Lieder
einstubirt, ihre Arien auch öfter am Clavier begleitet.

Ach, dies Begleiten am Claviere ist ein gefährli=
ches Geschäft; das hat schon manche Liebe hervorge=
rufen und zu Stande gebracht. — Wie kann das
auch anders sein. So wie die Töne wechselseitig in
einander fließen, so fließen auch die Gefühle und die
Herzen in einander. Da gibt es wundervolle Har=
monien, Dissonanzen, die sich freundlich auflösen und
enblich süße Melodien. Ach! mir und Mathilden
waren diese Stunden am Piano sehr gefährlich ge=
worden.

Wir waren fast nie allein, denn stets saß Anna
im Fenster bei ihrer Nätherei oder ging ab und zu;
sonst hätte ich Muth gefaßt und das auszusprechen
gewagt, was mir die Brust zu zersprengen drohte.

Aber es geschah doch, am Tage vor meiner
Abreise.

— Ich muß hier einschalten, daß ich während
der Zei von meinem Freund, dem Domorganisten, dem

ich von hier aus geschrieben, einen Brief voll abson=
derlichen Neuigkeiten erhalten hatte.

Er schrieb mir von der Neri, was ich bereits
aus der Zeitung wußte. Der Prinz Erich war nach
dem Vorfalle schleunigst zu seinem Regimente abge=
gangen. Der Graf Schnüffel hatte sich mit der
Wachtel verlobt und sie ging vom Theater ab.
Klärchen, die kleine Tänzerin, die in einem Athem
weinte und lachte, die den Intendanten beinahe zur
Verzweiflung brachte, war noch immer Liebling des
Hofes, wie des Publikums. Se. Excellenz wären
ihretwegen beinahe in Ungnade gefallen, weil Sie ihr
damals den Urlaub gewährten. Was mich aber am
meisten frappirte war, daß mein Freund Wastel sich
empfohlen hatte, um meinem Malchen, der Hem=
merling, nach B** zu folgen. Man sagte, er
würde sie heirathen und in einer gewissen Zeit mit
ihr wieder zurückkehren. — Am meisten Freude machte
es mir aber, daß der alte Spatzer, nachdem er sich
unmittelbar an Se. Durchlaucht gewandt, von Höchst=
derselben eine Pension von sechshundert Thalern er=
halten hatte. Zu gleicher Zeit half ihm Gott; er
gewann ein Achtel in der großen Lotterie. Nun
war ihm und seinen neun Kindern und seiner blin=
den Tochter geholfen. — Alles Uebrige, was mein
Freund schrieb, war unerheblich. Gab mir doch das

Erwähnte Stoff genug zum Nachdenken. Wastel und Malchen! — Ich war dem Mädchen noch immer gut; ihm vor Allen, da er sich über einen gewissen Umstand hinwegsetzte, gönnte ich sie. Sie war klug und ganz im Stande seinem grenzenlosen Leichtsinn Schranken zu setzen und auch seinen Durst einigermaßen einzuschränken. —

Und nun Gott befohlen, dachte ich, genug von diesen Erinnerungen. Ich trete in eine andere Welt, in die Meinige, die mir keine fremde ist, hinein. Mag das Erlebte in meiner Erinnerung verblassen.

Die Stunde der Trennung, wie gesagt, sollte Morgen schlagen. —

Am Abend zuvor wandelte ich mit Mathilde allein im Garten. Wir gingen eine geraume Weile schweigend neben einander. Unwillkürlich führten uns unsre Schritte durch das Boskett an das Ufer des Stromes. Hier standen wir; drüben über dem Walde brannte der Himmel im purpurnen Feuer. Seliger Friede war über die Natur ausgegossen — die Vögel suchten ihre Nester, die Wellen des funkelnden Stromes rauschten leise, ein Fischerkahn mit weißem Segel entschwand in der duftigen Ferne.

Unsre Hände hatten sich umschlungen, wir starrten noch immer schweigsam in das flammende Abendroth.

Endlich unterbrach Mathilde die Stille, indem sie

leiſe ſagte: „Alſo iſt es feſt beſchloſſen, Sie reiſen wirklich ſchon Morgen?"

„Ja ich muß, und ſage, daß ich leider muß."

— „Sie konnten doch noch einige Tage bleiben."

„Mein Fräulein! ich kann und darf mir die Organiſtenſtelle nicht entgehen laſſen. Nicht meinetwegen; meine Penſion und was ich ſonſt noch durch Compoſitionen verdiene, genügt mir und meinen Bedürfniſſen. Aber ich hege noch eine Hoffnung, die ſeligſte meines Lebens. Ich bin plötzlich kühn, vielleicht allzukühn geworden. Und an dieſe Hoffnung muß ich Alles ſetzen."

„Aber Sie kehren bald wieder," fragte ſie eben ſo leiſe.

„Gewiß Mathilde," rief ich — ich hätte ſie diesmal zum erſtenmale nur bei ihrem Namen genannt; „und," fuhr ich fort: „werden Sie mich denn auch gern wiederkehren ſehen?" —

„Gewiß!" hauchte ſie.

„Dieſes „Gewiß"" macht mich namenlos glücklich."

— „Würden Sie denn aber," ihre Hand zitterte in der Meinigen, „auch wohl gern für immer hier bleiben wollen? Der Baron ſprach den Wunſch aus. — Sie hier feſt zu halten."

„O ewig, ewig, meine Mathilde! und würden

denn Sie es auch gerne sehen, wenn ich immer
bliebe?"

Sie stockte eine geraume Weile, dann hauchte sie
kaum hörbar: „Ja!"

„O Mathilde," rief ich entzückt, „dies Geständniß
macht mich namenlos glücklich." Ich erfaßte ihre
Hand, die ich gepreßt hielt und drückte meine bren-
nenden Küsse darauf, ich schlang den Arm um ihren
süßen Leib und zog die Willenlose an meine Brust.
— In ihren Augen glänzten selige Thränen, auch
in den Meinigen.

— Da wurden Stimmen im Garten hinter uns
laut; wir verließen das Ufer und das Bosket. —
Der Superintendent, der Baron und Anna stießen
uns auf.

„Ihr habt wohl eine Gondelfahrt gemacht, Kinder?" fragte der Erstere.

„Nein," versetzte Mathilde, „wir traten so eben
hierher und betrachteten das schöne Abendroth und
den leuchtenden Strom." — Sie eilte in das Haus.
Der Baron übergab mir zwei Briefe: Einen an
den Bürgermeister von Boxdorf, den Andern an den
Herrn Kreisdirector des Bezirkes, worin Boxdorf
liegt. Er trug mir auf, ihm sofort über das Resultat
meines Unternehmens zu schreiben. „Unter allen Um-

ständen aber," setzte er hinzu, „kehren Sie sobald
als möglich hierher zurück. Ich bitte Sie darum."

Ich dankte und versprach Alles. —

Es wurde diesen Abend mir zu Ehren, so zu
sagen, ein ordentliches Fest gegeben. Der Baron
blieb zum Souper. — Die Mädchen hatten meinen
Platz bei Tische umkränzt und der Baron einen
schönen Brillantring unter mein Couvert gelegt. Ich
konnte mich ob so vieler Güte nicht fassen und hätte
vor Rührung und in der Stimmung, in welche
mich kurz zuvor Mathildens Geständniß versetzt, weinen
mögen, wie ein Schulknabe.

Wir verbrachten einen wehmüthigen und doch
freudig bewegten Abend. Der Champagner, welchen
der Baron verschwenderisch gespendet, versetzte uns
nach und nach in die freudigste Stimmung. Nur
Mathilde versank manchmal tiefsinnig in sich, sprang
aber sofort wieder zur lautesten Lustigkeit über. Sie
erzählte mir später, sie sei so schnell aus dem Garten
auf ihre Stube geeilt, um sich auszuweinen. Mir
war das Herz so überschwenglich voll, daß ich mehre-
mal im Begriffe stand, dem Superintendenten um den
Hals zu fallen, und ihm Alles zu gestehen, was mich,
was sein Mädchen bewegte. Doch bezwang ich mich.
Was wollte ich mit meinen vierhundert Thalern?
Ein armseliger Schwiegersohn! Erst mußte ich Dr=

ganist werden; dann, dann hoffte ich auftreten zu
können. — Wie aber, wenn ich es nicht wurde? Ach!
da fiel mir ein Stein auf's Herz, und ein Gewitter-
himmel schwankte vor mir! — Doch die Hoffnung
und die Liebe und der Frohsinn der guten Menschen
richtete mich wieder auf.

Ich sang meine schönsten, fröhlichsten Lieder; auch
Mathilde sollte singen; aber sie sah mich fast wehmüthig an und drückte mir heimlich die Hand und
flüsterte: „Heut nicht!" —

Ich suchte es daher zu hintertreiben, indem ich
immer vom Neuen mit einem Tonstücke dazwischen
trat. —

Des Abschieds wurde weiter nicht gedacht — war
uns Allen ja das Wiedersehen so nahe und so gewiß.

Auch mit Anna war eine Veränderung vorgegangen. Weg war der Lebensernst, weg das plötzliche
Zurückschaudern vor irgend einem wehmüthigen Gefühle. Heut war sie beinahe die Fröhlichste unter
uns. Gestern noch hatte ich sie im Garten überrascht.
Sie umarmte ihre Schwester mehrmals mit Heftigkeit
und lachte und jubelte, während ihr die Thränen über
die Wangen flossen. Ihre frühere Stimmung schien
meine Mathilde angenommen zu haben. Doch nein!
nicht ganz: sie hatte ja Gewißheit, wenn sie auch
gleich nur erst hoffen durfte. —

Wir geriethen in eine so allgemeine Fröhlichkeit, daß der alte Herr mich ein über das andere Mal beim Kopf erwischte und abküßte. Er verlangte in der Weinlaune, die Mädchen sollten mir jede einen Kuß geben. Aber schreiend rannten diese zur Thüre hinaus. —

Wir trennten uns sehr spät. — Ich begleitete den Baron bis zum Schlosse. Er nahm mich am Arm und sagte:

„Vergessen Sie ja nicht, mir sobald als möglich zu schreiben und kommen Sie unter allen Umständen schleunigst wieder. Ich gedenke Sie zu überraschen."

Ich gelobte es und sprach noch einmal in glühen=den Worten meinen Dank aus.

„Und ich," versetzte er und drückte mir recht freundschaftlich die Hand, „sage Ihnen, daß Sie mir recht lieb und theuer geworden sind. Hoffentlich wird dies für das ganze Leben ausdauern. Gute Nacht, mein Freund!"

Wir trennten uns. —

Als ein vom Glück Berauschter eilte ich nach Hause.

— An Schlaf war nicht zu denken. Ein ganzer gestirnter Himmel ging durch meine Brust. Wodurch hatte ich denn dies Alles verdient, fragte ich mich? Ach! Vater, Mutter — könntet Ihr das Glück Eures

Sohnes sehen! O, ja Ihr seht es dort von den Sternen und weint Freudenthränen herab! —

Wie ich vor Anbeginn meiner Wanderung gesagt: Wandern ist schön, aber Scheiden thut weh; so fiel mir jetzt auch der Abschied schwer auf die Brust. Und die Wanderlust hatte ja wieder mein Glück begründet. — Aber der Abschied von Mathilde; wie mußten wir uns Beide zusammennehmen, um uns nicht zu verrathen! Welche Qual für das arme Mädchen. — Nun Gott wird sie schon stärken! Weiß sie doch, daß ich bald, daß ich ja ihretwegen bald wiederkehren werde. Vielleicht in acht — längstens in vierzehn Tagen und wenn's hoch kömmt, in drei Wochen. — Freilich eine lange Zeit. Auch die wird vorübergehen. Und dann eine Ewigkeit voll Glück und Wonneseligkeit! —

Ich wollte bald weinen, bald lachte ich laut auf vor Freude; der Schlummer floh mich; aber ich suchte ihn auch nicht auf. Mir war in dieser Schlaflosigkeit gar zu wunderherrlich zu Muthe. —

Der verhängnißvolle Morgen kam. Ich kleidete mich rasch an, schnürte mein Bündel, sagte dem trauten Zimmerchen ein herzlich Lebewohl und eilte hinab. Alle, auch der Baron waren vor dem Pfarrhause versammelt und schienen mich schon zu erwarten. Sie boten mir einen freundlichen guten Morgen und

wir gingen in die Laube, um den Kaffe zu trinken.
Dies geschah unter manchem halblauten Seufzer.
Mathilde, zu der ich manchmal nur scheu den Blick
erhob, hatte verweinte Augen, doch war sie gefaßt.
Der Vater schien dies nicht zu bemerken; aber der
Baron warf mir manchen bedeutungsvollen Blick zu
und Anna, die mit der Schwester in einer Stube
schlief, mußte doch auch etwas ahnen. Sie lächelte
zuweilen, wenn ich sie fragend ansah.

Es wollte kein ordentliches Gespräch in den Fluß
kommen. — Endlich — die Sonne stand schon hoch,
mußte aufgebrochen werden.

„Am Schlosse," sagte der Baron, „steht meine
Equipage; Sie können sie bis nach Boxdorf benutzen.
Unterwegs finden Sie Relais."

„Ach, Herr Baron!" flehte ich wehmüthig, „rau=
ben Sie mir nicht durch Ihre übergroße Güte meine
Freude, meine Wonnen der Fußwanderung. O! es
geht mir nichts darüber."

„Wie Sie wollen, Sie sonderbarer, kindlicher
Mensch!" versetzte er lächelnd. „Ich dachte nur, je
schneller Sie ankommen, desto schneller kehren Sie
wieder."

„O, die Freude," rief ich, „wird mir lange Beine
machen. Und wenn ich rückkehre, nehme ich Cou=
rierpferde." —

Es ging an's Abschiednehmen. Die Mädchen reichten mir zuerst die Hände und sagten: „Reisen Sie glücklich!" Mathilde that dies gesenkten Haup= tes; dann riß sie sich weinend los und flog in das Herrenhaus. Dem alten Superintendenten schwam= men die Augen voll Thränen; er küßte mich fünf, sechsmal; auch der Baron umarmte mich und sagte: „Adieu, theurer Freund!"

Ich weinte wie ein Kind, machte mich los und rannte wie ein Besekner fort. Dort an der Taxus= hecke blieb ich stehn, drehte mich um und schwenkte den Hut. Anna ließ ihr Tuch wehen, der Baron und der Alte winkten mit den Händen. Ich trabte fort.

Zehn Schritte weiter etwa ist ein Einschnitt in der Hecke — hier stürzte mir Mathilde entgegen und zog mich hinter das Gebüsch. Wir sanken einander in die Arme, unsre Lippen berührten sich zum ersten Male schmerzlich und glückselig zugleich — unsere Thränen vermählten sich, Herz schlug am Herzen — wir hätten so stundenlang gestanden; da trennten uns nahende Schritte. Noch ein flüchtiger Kuß und Mathilde huschte leicht wie ein Reh hinter der Hecke nach dem Hofe zu.

Ich taumelte wie ein Trunkener durch den Flecken auf die Landstraße. Wie ich dahin gekommen, weiß ich nicht zu sagen. —

Und so wandelte ich denn weiter, erst langsam, taumelnden Schrittes; dann wieder schneller und schneller; ich hatte ja den blauen Himmel über mir und den Himmel in mir, und mir war wie einer Schwalbe, die die Flügel breitet, froh nach dem Norden zieht, wo ihr der Sommer lächelt, weil sie weiß, wenn er auch geschieden, daß im Süden ihr ein anderer lacht.

Aber, wie viel schöner erschien mir heute die Natur. Sie prangte zwar nicht mehr im Frühlings-schmucke wie damals, als ich hinauszog in die Welt, die Aehren färbten sich bereits gelb, die holden schlan-ken Lenzeskinder, die Mädchen unter den Blumen, hatten den üppigen Frauen der Flora Platz gemacht: aber sie erschienen mir alle im schöneren Lichte, denn ein ewiger Frühling, von der Liebessonne angestrahlt, blühte ja in meiner Brust. O! ich war empfänglich für den kleinsten Reiz der Natur. Grüner schienen mir die Bäume, blauer der Himmel, lichter der See; melodischer rauschte mir der Wasserfall, lieblicher san-gen die Waldvögel und rührender klangen die Abend-glocken. Und vollends die Sterne, sie leuchteten mir wie kleine Sonnen, so klar und freundlich und trau-lich zugleich, daß ich mit ihnen sprechen konnte; ja sie gaben mir sogar Antwort. —

Ich hätte allen Leuten, die mir begegneten, um

den Hals fallen mögen; den Bettlern und Kindern
gab ich mit vollen Händen. — Ich rastete diesmal
nicht so oft, die Reise ging wie im Fluge vorwärts;
Städte, Dörfer, Wälder und Felder gaukelten an
mir vorüber. Es war, als wollten sie meine Wan=
derung beschleunigen.

Endlich, es nahte sich bereits der Abend, lag Bor=
dorf mit seinem spindelförmigen Thurme vor mir. Mir
schlug das Herz beim Anblick der theuren Vaterstadt. —
Vor allen Dingen besuchte ich den Kirchhof, der am
Wege lag, die Gräber meiner Lieben. Ich betete auf
ihren Hügeln und erzählte ihnen Alles, Alles, was
mir auf dem Herzen lag und weihte ihnen wehmü=
thig=freudige Zähren. — Dann raffte ich mich auf
und schritt durch die Straßen, über den Markt in
das „goldene Einhorn", den ersten Gasthof.

Sonderbar! Wie war mir die Stadt während diesen
wenigen Monaten so fremd geworden, so fremd, als
wäre ich funfzig Jahre entfernt gewesen. Nur die
Gräber waren neu geblieben. — War es, weil ich
die Welt, die Residenz gesehen, oder ist es mit jeder
Entfernung so? —

Der Wirth im „Einhorn" erkannte mich sogleich
und hielt mit seinen Fragen nicht hinterm Berge.
Um ihm nicht lächerlich zu erscheinen und ten Bor=
dorfer Philistern das Medisiren zu ersparen, erzählte

ich ihm mit einigem Selbstgefühl, daß ich vom Hofe
einen lebenslänglichen Gehalt von jährlich vierhundert
Thalern und den Titel eines herzoglichen Chorbirectors
erhalten, und daß ich nur gekommen sei, mich um
die Organistenstelle zu bewerben, weil ich Beschäfti=
gung wünsche, die ich vor der Hand in der Resi=
benz nicht fand. Der Wirth eilte sofort zu seiner
Frau, ihr die merkwürdige Botschaft zu melden, damit
diese ihrerseits die Borborfer Welt überraschen könne.
Es war etwas Eitelkeit mit im Spiele; denn ich
hörte die herzensguten, aber etwas geschwätzigen Bor=
borfer, wie sie sprachen: „Sagte ich's nicht voraus —
daß er nicht lange bleiben würde. — Ja, das glaubt,
wer weiß wie lang die Flügel sind, aber wie bald
erlahmen sie. — Und in der Residenz haben sie
doch auch geschickte Leute genug. — Ja, ich wieder=
hole es; es gibt nur ein Borborf und wer auch ein=
mal fortging, der ist sicher wiedergekommen. —
Den Hochmuth hat er von seinem Alten, der auch
immer weit hinaus wollte und aparte that, sonst aber
ein ehrenwerther Mann war. — Ja, ja; nachdem
er sich die Hörner abgelaufen, sind wir ihm gut
genug. — Aber ich dächte doch, warf ein Vierter
ein, welcher erfahren, daß ich nicht mit leeren Händen
zurückkam, er hat uns keine Schande gemacht; er
muß etwas Tüchtiges gelernt haben, daß er in dieser

kurzen Zeit zu solchen Ehren kam. Und daß er unser
nicht vergessen, daß er nicht hochmüthig geworden,
sondern wieder zu uns zurückkehrt, zeigt von seinem
guten Herzen. Mit dem vielen Gelde konnte er ja
auch in der Residenz bleiben. — Wenn er noch
dazu die Organistenstelle bekömmt, die ihm nicht ent=
gehen kann, so hat er mehr Gehalt als unser gestrenger
Herr Bürgermeister. — Nu — dachte ein fünfter
für sich — mein Gretchen gäb ich ihm gleich, 's ist
eine schmucke Dirne und an einer guten Ausstattung
sollte es nicht fehlen. — Die Frau Nachbarin
Likeurfabrikantin aber simulirte: Mein Suschen ist
unstreitig das schönste Mädchen in der Stadt — er
müßte gar keine Augen haben, wenn er sie übersehen
sollte. Frau Chordirectorin und noch dazu herzog=
liche, also vom Hofe, das ist gar kein übler Titel.
Wenn er sich nur nicht in der Residenz schon ver=
schossen hat. Ja die Residenz ist der Verderb unse=
rer jungen Leute. — —

Dieß und dergleichen hörte ich im Geiste die
Leute reden und denken: Die ehrlichen Seelen meinten
es gewiß nicht böse; aber sie mußten sich einmal aus=
sprechen, — das liegt in der Menschennatur, zumal
in der der Bewohner kleiner Städte. —

Alle irrten sich indeß mit ihren Gretchen und
Suschen und wie sie alle hießen. Ich hatte ja schon

meinen Stern in der Bruſt, der verklärte mir jeden
Ort, also auch Bordorf, zum Paradieſe.

— Ich beſuchte am folgenden Morgen mehre
Bekannte meiner ſeligen Eltern. Alle waren bereits
von meinem Glücke, wie ſie es nannten, unterrichtet;
die Nachricht war wie ein Lauffeuer herumgegangen.

Ich ging nun zum Herrn Bürgermeiſter und
übergab den Brief des Herrn Barons. Er empfing
mich äußerſt freundlich. Seine ſchmucke Tochter
Friederike war bei ihm. Ich hatte mit ihr oft in
der Kirche geſungen, ich wollte ihr in alter Zutrau-
lichkeit die Hand reichen; aber ſie verneigte ſich verlegen und erröthend; ich ſchien ihr in der kurzen
Zeit ein anderer, ein Fremder geworden zu ſein. Der
geſtrenge Herr Conſul, welcher auch bereits von meinem
Glücke unterrichtet war, gratulirte mir und belobte
mich, daß ich als Bordorfer Kind der Stadt in der
Reſidenz Ehre eingelegt habe. Ach! hätte er gewußt,
wie leicht mir das geworden iſt. Der Inhalt des
Briefes von Schöneck ſchien ihm ſehr zu ſchmeicheln;
er las ihn wiederholt, lud mich für den folgenden
Tag zu Tiſch und verſprach in meiner Angelegenheit
nach ſeinen beſten Kräften wirkſam zu ſein. —

Gleich wohlwollend wurde ich von dem Herrn
Kreisdirector, einem hochgebildeten, verehrungswürdi-
gen Manne, aufgenommen.

Schon nach acht Tagen, während welchen ich mich in Boxdorf umsah, hatte ich meine Bestallung als Stadtorganist in der Tasche. Ich jubelte hoch auf! Nun wäre freilich das Erste gewesen, Courierpferde zu nehmen, nach Weißlinden zu fliegen und bei Mathildens Vater in aller Form um ihre Hand anzuhalten. Dazu aber gebrach mir der persönliche Muth. So sehr mich der ehrwürdige Mann auch liebte; wußte ich denn — ob ich ihm auch genug war? Freilich — ich hoffte es. Aber in einem Schreiben konnte ich mehr Kraft und Ueberzeugung entwickeln, als in einer verlegenen, stockenden Rede, wo mich das Gefühl überwältigte und mich gar nicht zum Worte, vielleicht gar nur zum Unsinn kommen ließ. Zudem baute ich auf des Barons Fürsprache, die in meiner Abwesenheit gewichtiger ausfiel, als in meiner Gegenwart. Auf den Baron konnte ich sicher rechnen und allenfalls auch auf Mathildens Thränen. Mir war bei dem Gedanken, die Worte der Werbung an den Vater selbst, Auge gegen Auge, zu richten, recht angstbeklommen zu Muthe. Ich wollte, wenn ich erschiene, sollte mein Loos schon entschieden sein.

Ich griff also mit zitternder Hand zur Feder und schrieb erstens einen weh= und demüthigen Werbebrief an den Superintendenten und einen zweiten an den Baron, worin ich ihm mein Glück meldete, meine

Liebe zu Mathilde gestand und um seine Fürsprache
bat. Vier bis sechs schreckliche Tage mußte ich freilich noch harren und mich in Zweifeln und Hoffnungen zermartern.

Endlich kam durch Estafette ein Brief vom Baron
mit den lakonischen Worten: „Kommen Sie!" —

Jubelnd packte ich meine Sachen und sprang,
nachdem ich dem Herrn Bürgermeister und dem Herrn
Kreisdirector meinen Dankbesuch abgestattet, in die Post-
chaise. Ich sagte ihnen, der Herr Baron habe mich
auf einige Tage in einer sehr gewichtigen Angelegenheit zu sich entboten; ich würde sobald als möglich
zurückkehren und mein Amt antreten. —

— Was ich hier einschalte, habe ich freilich nicht
selbst erlebt, sondern den Mittheilungen des Barons,
der für mich gewirkt, entnommen. —

Der Baron befand sich gerade allein mit dem
Superintendenten in des letztern Studirzimmer, als
der Postbote beide Briefe abgab. Während der geistliche Herr seine Brille suchte, hatte Schöneck bereits
den Inhalt seines Briefes durchflogen und ihn
lächelnd in die Tasche gesteckt; denn er freute sich auf
die überraschende Wirkung meines Schreibens auf den
alten Herrn.

„Verzeihen Sie," sagte dieser indem er an's
Fenster trat — und brummte für sich in Absätzen:

„Hm! Hm! Hm! — Hm! Was da nicht paſſiren kann. Hm! Alſo erhalten. Gut. Hinter meinem Rücken. — Wer hätte das gedacht! — Ich muß blind geweſen ſein! — Ja, ich bin Miops — ſie rechneten auf mein kurzes Geſicht. — Das will ich nicht glauben; das wäre ja planmäßig, frevelhaft ge= weſen. — Sonſt hätte ich dem Mädel auch etwas angeſehen. — Und ſo ſchnell — mir nichts, dir nichts. — Ohne zu fragen. — Chordirector — Organiſt. — Nun, die Mathilde ſoll es mir ent= gelten. — Dort geht ſie. Warte!

Der Baron mußte ſich alle mögliche Mühe geben, um nicht in ein lautes Gelächter auszubrechen.

„Herr Baron! Patrone!" rief der Superinten= dent endlich und trat auf ihn zu und erfaßte ſeine Hand; „ſtellen Sie ſich vor — Sie ſind ein junger zwar, aber ein weitgereiſter und erfahrener Mann. Ich muß mir Ihren gnädigen Rath ausbitten — bitt um Excuſe; als Familienvater nämlich. Stellen Sie ſich vor, da da, hält der Werner, der Criſpin Werner, der Muſikus, den wir alle ſo lieb gewonnen in ſo kurzer Zeit, der blöde Menſch brevi manu um die Hand meiner ältern Tochter, der Mathilde an. Was ſagen Sie zu dieſer Geſchichte, die gewiſſermaßen aus den Wolken fällt?"

„Ich finde ſie ganz natürlich. Er iſt jung,

Mathilde ist jung; er liebt sie, sie liebt ihn; er hat sein Auskommen, ist ein ehrlicher, seelensguter, talentvoller Mann. Was giebts da zu verwundern?"

„Ja — aber —" stockte der Superintendent, „in so kurzer Zeit — und ich weiß nichts davon, ich falle so eigentlich aus den Wolken. Das ist mir in meinem Leben noch nicht paſſirt!"

—„Weil Sie noch keine Tochter verheirathet haben."

„Natürlich — ja, ja," sagte der alte Herr, „sehr richtig bemerkt. Sie sagen, Sie haben Erkundigungen über den Werner eingezogen; er ist ein ehrenwerther Mensch, das glaube ich, hat sein Auskommen. Ich bin ihm vom Grunde des Herzens gut. Könnte einen Sohn nicht lieber haben. Hm, Hm! Aber da giebts noch Bedenklichkeiten — wie gesagt."

„Ich sehe keine," versetzte noch immer lachend der Baron; „geben Sie ihm das Mädchen. Denn wenn Sie noch länger zaudern, so muß auch ich mich in Betreff einer Bitte auf eine abschlägige Antwort gefaßt machen."

„Sie Herr Baron! Wie so? Eine Bitte.?"

— „Ja: Ich verlange die Hand Ihrer zweiten Tochter Anna." —

Der ehrwürdige Greis prallte vier Schritte zurück und stotterte athemlos: „Wie: Sie, Herr von Schöneck? Patrone? Gnädigster Kirchen- und Schulpatron?"

„Ja ich, hier meine Hand darauf."

— Der alte Mann zitterte, Thränen quollen aus seinen Augen, er zog das Käppchen von dem grauen Haupte und rief: „Jetzt o Herr! laß Deinen Diener in Frieden fahren."

„Nein," entgegnete Schöneck lächelnd und zog ihn an seine Brust, „jetzt, o Herr! laß ihn erst recht in Frieden bei uns bleiben."

„Herr Baron, Herr Kirchenpatron und Schwieger=sohn in spe" fuhr der Superintendent fort und rang nach Fassung, „verzeihen Sie; ich muß erst diesen Sturm der Gefühle niederkämpfen, dann will ich Ihnen das Mädchen rufen und ihr einen kleinen Schreck einjagen, weil sie so hinter dem Berge gehal=ten hat."

„Wir haben uns," sagte Schöneck, „erst seit kurzer Zeit wechselseitig verständigt und harrten mit unsrem offenen Geständnisse Ihnen gegenüber nur auf den Moment, wo mein Freund Werner zugleich mit uns glücklich werden sollte."

Nachdem sich der Superintendent einigermaßen erholt, trat er ans Fenster und rief in den Garten hinab: „Anna! Anna! komm 'mal herauf!"

Sie eilte heran; als sie die Thüre geöffnet und den Baron allein bei dem Vater erblickte, blieb sie an der Schwelle stehen und erglühte wie Purpur. —

„Anna," begann mit scheinbarem Ernst der Vater, „der Herr Baron, unser Gutsherr und Kirchenpatron, erweißt Dir die Ehre, um Deine Hand anzuhalten. Ich habe ihm jedoch gesagt, Du hegest eine absonderliche Aversion gegen die Ehe und wolltest niemals heirathen —; allenfalls einen Geistlichen."

„Vater!" rief Anna und stürzte an seine Brust und verbarg ihr Haupt an derselben.

„Ich kann Dich ja nicht heirathen," sagte der Alte mit komischem Ernst; „wirf mich nur nicht um. Was Du zu sagen hast, das sage dort dem Herrn von Schöneck." Er legte sie in seine Arme. Dieser erhob ihr Haupt zu sich und küßte ihr die rosigen Lippen.

„Nun aber Kinder!" fuhr der Superintendent in seiner Wonneseligkeit fort, seid ruhig, verrathet Euch nicht; jetzt folgt die zweite Execution — die muß härter ausfallen. Der zweite Delinquent komme. Er rief durchs Fenster nach Mathilde.

Pfeilschnell war diese zur Stelle. Der Alte hielt Crispin's Brief vor sein Gesicht, um sich durch sein Lachen nicht zu verrathen.

„Was befehlen Sie, Vater?"

„Da hat" hub er an, „des Herrn Barons Gutsnachbar, der Herr von Semmelbein — er ist zwar schon in den Jahren, aber sonst ein respectabler Mann, eine gute Partie — um Deine Hand angehalten."

„Um Gotteswillen!" schrie Mathilde und wurde todtenbleich — ihre Knie wollten brechen.

„Nu, nu!" tröstete der Alte; „ich habe mirs gleich gedacht. Hier ist der Absagebrief. Lies! Ich habe zu einer Nothlüge meine Zuflucht genommen und ihm geschrieben, Du wärest schon die Braut eines gewissen Crispin Werner, eines Musikanten. Wie helfen wir uns aber aus dieser zweiten Verlegenheit?"

„Väterchen! Väterchen!" jauchzte Mathilde so plötzlich vom Schrecken zur Wonne übergehend und umklammerte seinen Hals und warf sich an die Brust ihrer Schwester.

„Nun" ächzte der Alte, dem es wie ein Mühl= stein vom Herzen fiel, „wäre die Sache abgemacht. Du kannst auch Deiner Schwester gratuliren. Die wollte so eigentlich nicht daran und — Du wider= sprichst mit keinem Worte. — Herr Schwiegersohn, das ist der schönste Tag meines Lebens! — Ihr Spitzbuben!" wandte er sich wieder an die Mädchen; — „im Grunde habt Ihr mich heut eben so glücklich gemacht, als Ihr es nur selbst sein könnt. Ihr kleinen Heuchlerinnen! —"

Die Schwestern lagen sich in den Armen.

„Ich dächte Herr Baron" fuhr der Superintendent fort, „da die Doppelexecution so glücklich abgelaufen, wir feierten das Resultat durch einige Flaschen Wein."

„Herr Vater!" verſetzte Schöneck, „auf Ihre Er=
laubniß rechnend, habe ich bereits für das Soupee
Sorge getragen. Meine Leute bringen es aus dem
Schloſſe. Es iſt hier viel traulicher, als in meinen
öden Räumen. — Mathilde!" wandte er ſich zu
dieſer, „Ihr blöder Ritter iſt ſelbſt allein Schuld
daran, daß uns heut das fünfte Couvert fehlt. Da
muß ihn denn für diesmal — oder wollen Sie viel=
leicht auch länger? — die alte Marte repräſentiren."

„Mathilde," rief der Vater, „Du haſt ja noch
nicht den Abſagebrief an den Semmelbein geleſen."

„Ach Väterchen," flehte dieſe, „laſſen Sie mich
mit dem Semmelbein und dem häßlichen Briefe!"

— „So wirf doch wenigſtens einen Blick hinein."
Er hielt ihr denſelben unter die Augen.

„Ach! von Crispin," jubelte ſie, entriß ihm das
Schreiben und flog zur Thüre hinaus. —

Man verſammelte ſich in der traulichen Stube
des Erdgeſchoſſes zur Abendmahlzeit. Marthe mußte
in der That den abweſenden Crispin repräſentiren,
nachdem ſie ein Beträchtliches an Freudenthränen ver=
goſſen, nachdem ſie erfahren, daß ihre beiden Gold=
kinder, die ſie liebte, als wäre ſie ihre Mutter, an
einem und demſelben Tage glückliche Bräute gewor=
den. — Hesperus zog leuchtend am blauen Himmel

auf und beschien vier glückliche Menschen. Der fünfte
harrte inzwischen auf Antwort.

———

Als ich so im Wagen saß, dachte ich mir, es ist
doch etwas anders mit dem Wandern, wenn man
zur Braut eilt, als wenn man so ohne besondern
Zweck in die Welt zieht. Ich glaubte immer, wer
weiß, wie schnell mich meine Beine trügen, und jetzt
rannten mir die flinken Gäule nicht schnell genug,
so emsig sie auch der Postillon bearbeitete, dem ich
ein sehr gutes Trinkgeld versprochen. — Immer
noch erfreute mich die schöne Natur, immer noch hatte
ich Augen für dieselbe; aber meine Gedanken waren
bei Mathilde. Meine Seele war nicht mehr mein
eigen, mit meiner Liebe wurde sie ein Theil Mathildens.

O! welche selige Zeit ist doch der Brautstand, die
Wonnen- und Blütenzeit unsers Lebens! Alle auf-
quellende Knospen mit ihren Düften, alle Nachtigallen mit ihren Melodien, alle Sonnen- und Sternen-
strahlen mit ihren magischen Lichtern, alle Mondnächte
mit ihrem süßen Zauber legen sich auf unsre schla-
gende Brust und umweben sie mit Glanz und Klang
und Duft. Ein Wonnelied der Götter zieht durch
das Herz, bald süß flötend, bald majestätisch brausend,
und bald mild und friedlich wie Abendglockenklang.

Die ganze Seele erfüllt nur Gott, die Natur und
die Geliebte. Weiter hat nichts darin Raum — und
doch, doch — die ganze Welt, aber sie zerfließt in
dieser heiligen Trias und in der Geliebten lieben wir
alle Menschen und sie erscheinen uns als Engel, weil
sie uns ein Engel ist. Da steht sie als Heiligenbild
auf unserm Herzensaltare und wir vermögen nicht
genug Kränze zu winden um sie zu krönen, so daß
wir sie fast erbrücken durch daß Uebermaß unserer
Huldigung und Zärtlichkeit. Seliges Träumen, das
die Wirklichkeit mit tausend himmlischen Phantasieblu-
men umspielt! Nur ein Herz für die Geliebte, jeder
Pulsschlag ihr; nur ein Auge für ihre Augen, nur
ein Ohr für ihre Worte, nur ein Mund zu ihrem
Preise! Jeder Athemzug verschwistert mit dem Ihri-
gen, jeder Pulsschlag ein Echo ihres Herzensschlages!
Thränen mit ihr, Thränen für sie, aber nur süße
Wonnezähren! Sonne, wie leuchtest du schön; aber
ich suche den Wiederglanz im Auge der Geliebten!
Rose, wie blühst du schön; aber ich suche deinen Purpur auf den Lippen der Geliebten! Blumenbeet wie
duftest du süß; aber ich trinke mit dem Kusse den
Athemzug der Geliebten! Von ihrer Stirn lacht ein
ewig Himmelblau, Sterne umkränzen sie, Mondlichter
und Silberwolken sind ihr flatternd Gewand, zu ihren

Füßen prangt das Abendroth, Morgengold umwebt
ihre Schläfe. — O Mathilde! —

Ja ich fühlte es — ich hatte noch nie geliebt.
Was war meine Neigung zu Lottchen, zu Malchen,
gegen diese heilige, überschwengliche Glut! Ein Vor-
spiel dunkler, verworrener Gefühle; — Mathilde, du
warst meine erste, meine wahrhafte Liebe! In dir
liebte ich nicht nur die schöne Form; ich liebte die
unsterbliche Seele mit. — Mathilde! —

— Ich kam in der Abenddämmerung in Weißlinden an. Noch außerhalb des Ortes stieg ich
aus dem Wagen und schlich mich wie ein Dieb an
den Häusern hin. Ich wollte die Geliebten überraschen. So ging ich durch die Hecke, wo mir Mathilde weinend und Abschiednehmend den ersten Kuß
gegeben, bis zur Hinterthüre des Pfarrhofes. Unbemerkt gelangte ich im Erdgeschoße an die große Stube.
Es waren richtig alle meine Theuren versammelt, ich
unterschied jede einzelne Stimme; ich hörte meinen
Namen aussprechen. Hoch klopfte mir die Brust.
Ich griff in das Schloß und trat ein. Sie saßen
traulich am Tische. Ein einstimmiger Freudenruf und
Alle erhoben sich und stürzten mir entgegen! Ich
wurde fast ohnmächtig, als mir Mathilde an die
Brust sank; zum erstenmale küßte ich sie in Gegenwart

ihres Vaters und der Uebrigen. Ich glitt aus einer Umarmung in die Andere.

„Organiste! Organiste!" drohte scherzhaft und das Latein parodirend der Vater, „male Christe! Was haben Sie angestellt, Sie Duckmäuser!"

„Wie kann man aber so blöde sein," rief der Baron und drückte herzlich meine Hand. „So viele Tage sich vom eignen Glück zu rauben!"

„Ach du lieber Gott," stöhnte ich, „ich schwitze ja jetzt immer noch Blut. Was kann ich dafür, daß ich in solchen Sachen keinen ordentlichen Muth habe. Es muß leichter sein unter'm wilden Marsche gegen eine Batterie zu gehen!" Meine Hand zitterte in der Mathildens.

— „Man gebe ihm Wein," sagte der Alte, „damit seine Lebensgeister wieder Schwungkraft bekommen. Organiste! Organiste!"

„Mein Freund," begann der Baron, und zog Anna in meine Nähe; „ich habe Ihnen eine Ueberraschung versprochen: hier ist sie!"

Nun war das Staunen an mir. Ich faßte indessen Muth und sprach: „Also meine künftige Schwägerin; nun dann darf ich sie wohl auch küssen!"

Anna mußte es geschehen lassen. Ich war so gewissermaßen in den Geschmack hinein gekommen, da Alles so gut ablief.

— „Setzt Euch!" commandirte der Vater, „setzt Euch; das Alles kann sitzend abgemacht werden." —

Das Souper wurde aufgetragen, der Rheinwein schäumte und der Champagner brauste. Toast erklang auf Toast. — Ich saß neben Mathilde, unsre Hände trennten sich den ganzen Abend nicht wieder. — Es war ein himmlischer Abend; die Mädchen sprachen nur wenig; desto redseliger waren wir, namentlich der Superintendent, der sich in der letzten Zeit verjüngt zu haben schien. —

Als es bald Mitternacht war und wir aufbrachen und Jeder sein Mädchen im Arme hatte, da segnete uns der Vater mit wenigen aber herzlichen Worten. „Wenn die ersten Nachtigallen schlagen," sagte er, „dann weih' ich Euren Bund an Gottes Altare. Mit dem Frühling der Natur zieht auch der Gottesfrühling des Glaubens, der Liebe und der Treue in Eure Herzen von nun an und in Ewigkeit, Amen!" Wir küßten unsre Bräute und sagten ihnen und dem Alten gute Nacht. —

Ich begleitete den Baron noch eine Strecke und schüttete mein dankbares Herz vor ihm aus. „Unnöthige Worte," sagte er, „ich wußte es doch vorher, wie es kommen würde; ich wollte Dich nur ein wenig plagen und das Mädchen auch, weil sie durchaus nicht zum Geständniß zu bringen war. Meine

Anna hatte sich sogleich der Schwester anvertraut. Auch Du konntest ein offenes Wort zu mir sprechen, bevor Du gingst und schriebst. Denn wir, Anna und ich, sahen doch mit offenen Augen, was zwischen Euch vorging. Aber es ist einmal so, daß Verliebte glauben, alle Welt außer ihnen, sei blind. — Nun also, lieber Bruder! stehen wir uns gleich. Den Herrn Baron läßt Du von heut an fahren: Dein Freund, Dein Bruder, Dein Schwager! Gute Nacht."

„Gute Nacht!" rief ich freudetaumelnd; ich hatte nicht nur das edelste Mädchen zur Braut, ich hatte auch den edelsten Menschen zum Freund, zum Bruder gewonnen. —

Ich eilte in meine Wohnung. In den Fenstern der bräutlichen Mädchen schimmerte noch Licht — ich blickte liebend und vertrauend hinan, wie zu einem Doppelsterne.

Dann riß ich mich los und stürmte auf mein Zimmer. Die alte Marthe erwartete mich daselbst und überströmte mich unter gut gemeinten Thränen mit ihren Glückwünschen. —

Mathilde, das zartsinnige Mädchen, hatte meiner gedacht. Fenster und Thüreinfassung waren umkränzt, auf dem Tische prangte in hellgeschliffener Vase ein prachtvoller Blumenstrauß und auf dem Tische selbst hatte sie aus grünen Tarusblättern das Wort: Willkommen zusammengestellt. —

In der Ueberschwenglichkeit meiner Gefühle kniete ich nieder und dankte dem Herren der Welten für das maßlose Glück, das er mir nach kurzem Ringen beschieden, das ich bis jetzt noch nicht verdient hatte und gelobte ihm mit Herz und Mund, desselben würdig zu werden und zu wandeln auf seinen Wegen, ihm lobsingend, ihn preisend bis zum letzten Athemzuge. Und Vater und Mutter rief ich zu Zeugen dieses heiligen Schwures an. —

Ich schlummerte wie ein Seliger, umgaukelt von den schönen Bildern der Vergangenheit und den noch schöneren der Zukunft. —

Am folgenden Morgen sagte der Superintendent zu mir: „Nun, Herr Schwiegersohn in spe, ist es doch zur Wirklichkeit geworden; Sie bleiben zum Erntefeste hier und dirigiren die große Musik und spielen die Orgel." —

Ich zuckte mit den Achseln und warf ein: „Aber meine Function in Boxdorf!"

„Sei ruhig," warf Schöneck ein, „ich schreibe an Deine Vorgesetzten und wirke Dir für die paar Wochen Urlaub aus." —

So geschah es auch. —

10.

Es war wie gesagt in Berlin, wo ich Neumann wieder traf. Ich begegnete ihm eines Morgens an der Friedrichs= und Behrenstraßenecke.

„Bruder!" rief ich, und breitete meine Arme aus, „wie geht's Dir; wie freut es mich, Dich wieder zu sehen!"

Während dieses Ausrufs musterte ich seine Erscheinung. Er trug einen Hut mit breiter Krämpe, das Haar hing ihm in langen Locken über den Nacken hinab, ein weiter, brauner Oberrock verhüllte ihn bis an die Knöchel. Mein Modeelegant sah aus wie ein Augustiner=Mönch.

Er schlug, sobald er mich erkannt, die Blicke nieder, reichte mir die Hand und sagte im wehmüthigen Tone: „Ich grüße Dich im Namen des Herrn!"

„Ich danke Dir," versetzte ich; „aber wie siehst Du aus? Ich hätte Dich in dieser Kutte gar nicht wieder erkannt, Dich, für den kein Schneider von Berlin geschmackvoll genug arbeiten konnte! — Bist Du in der kurzen Zeit Deines Ehestandes schon solch' ein Stockphilister geworden?" —

„Nein — aber ich bin zur Erleuchtung gekommen!" entgegnete er salbungsvoll.

„Was ist das wieder für eine neue Narrheit? — Zur Erleuchtung? — Was heißt das? Wie stehts mit Deinem Weltschmerz?"

— „Ich habe sie abgeschüttelt von mir den Staub und die Schlacken und den Sündenwust dieser Erde und bringe zur Klarheit."

„So! das thun wir im Grunde Alle, das ist schön von Dir; aber ich glaube Du reitest eine neue Narrheit als Steckenpferd."

„Frevle nicht, Bruder im Herrn" erwiderte er seufzend und liebevoll; „sonst weicht die Gnade ewig von Dir! Du aber mußt in die Gnade kommen; ich will Deine bedrängte Seele retten und zum wahren Heile führen."

„Hol Dich der Teufel," lachte ich, „bei mir giebts nichts zu retten und ich fühle kein Bedürfniß der Seele! Ich glaube, Du kommst recta aus einem Irrenhause."

— „Das macht weil der Erbfeind schon in Dein sündhaftes Herz eingezogen. Aber Gebet und Buße, wenn Dein Wille fest ist und dieser kann, wie die Schrift sagt, Berge versetzen, werden den Teufel wieder heraustreiben!"

„Seehund! ich glaube Du spielst Komödie mit mir und lachst mich innerlich aus, daß ich Dir so geduldig zuhöre."

— „Der Herr bewahre mich vor dem schnöden, sündhaften, lüsternen, giftigen Gaukelspiele dieser Welt, welches Ihr Theater nennt. Ich habe all' diesem irdischen, verderblichen Treiben entsagt und suche das wahre Heil Jenseits. Ich bin in einen Bund Auserwählter getreten, die den wahren Glauben suchen und auf den neuen Heiland hoffen, der der verderbten Welt noth thut. Wir üben uns in Gebet und Buße. Das Gebet ist Alles in Allem; denn es kommt vom Glauben. Der Glaube aber muß unbedingt sein, wie die Gnade eine unbedingte ist, die auch im Schwachen und selbst im Sündhaften mächtig wird, während sie oft am Unbescholtenen, Tugendhaften vorübergeht, wenn ihn der Herr nicht gewürdigt hat und sein Strahl bei ihm nicht zum Durchbruch gekommen ist. — Statt in's Theater zu gehen, komm in unsre Versammlungen, damit Deine Seele, die vom Herrn abspenstig gemachte Creatur, gerettet werde."

„Und was treibt ihr denn für Amusement in Euren Versammlungen?"

— „Wir dienen dem Herrn auf die einzig wahre Weise; denn jede andere ist vom Teufel, der das Irrlicht der Vernunft angezündet und in die sündhafte Brust geworfen hat. Wir aber scheuern von uns im Innern und Aeußern den Sündenschlamm,

damit wir gereinigt erscheinen vor dem Herrn und
seiner Gnade würdig, indem wir singen, beten, erbau=
liche Schriften, welche von erleuchteten Männern
unsers Bundes verfaßt sind, vorlesen."

„Ich verehre meinen Gott mit schlichtem Sinn
und aufrichtigem Herzen; hiermit Basta! Das Uebrige
überlasse ich alten Weibern und verbrauchten Buhl=
schwestern."

— „Deinen Gott!" wiederholte er mitleidig, „da
sieht man es, daß der Böse schon Wurzel gefaßt hat
in Deiner Brust. Du willst einen aparten Gott
haben. Aber der wahre Gott, der Gott des Zornes
wird Dich vernichten. —"

„Grade wie Du, Du hast auch einen aparten
Gott, einen Gott, der nur Gebete und keine guten
Handlungen will, der ohne Unterschied der Würdig=
keit seine Gnade spendet, gerade wie ein kurzsichtiger
Erdenfürst mit einem Worte, da er noch dazu all=
wissend, nach Dir sehr ungerecht sein muß. Ich kenne
nur einen Gott der Liebe, der Barmherzigkeit und
Gerechtigkeit."

— „Du frevelst!" rief er, und faltete andächtig
die Hände, „noch ist es Zeit, rette Deine unsterb=
liche Seele, ehe sie unwiederbringlich verloren. Komm
zu uns, zu den Deinen! Willst Du noch immer bei
den Böcken stehen; wende Dich zum Lamm." —

„Ich will weder mit Böcken noch mit Schafen Gemeinschaft haben, sondern mit vernünftigen Menschen. Es will mich bedünken, Du habest aufgehört zu den Letztern zu gehören."

Er würdigte diese Invective keiner Antwort; denn die Demuth und Erdulbung — nicht aber Duldsamkeit war ihm vorgeschrieben und so fuhr er fort: „Ich führe Dich ein in unsere geheiligte Versammlung. Zwar bin ich noch immer im ersten Grade, aber ich hoffe, wenn erst die Gnade mächtiger in mir geworden, in den zweiten vorzubringen. Mein Weib, beschränkter im Geiste und lange nicht so fromm und andächtig wie ich, hat schon den zweiten Grad erhalten, weil, wie die Erleuchteten unserer Verbrüderung behaupten, die Gnade in ihr mächtiger geworden, als in mir. Im dritten Grade erhalten wir den Seraphinenkuß: Männer und Weiber, Jünglinge und Mädchen, auch ehrwürdige Greise und Matronen unter einander. Dann, wenn ein Paar von allen rein erfunden worden und die Gnade des Herrn dasselbe ganz durchströmt, werden wir den neuen Heiland erzeugen."

„Das ist ja eine recht lustige Gesellschaft! Was den Saraphinenkuß betrifft, so würde ich so frei sein, mir die Jüngsten dazu auszubitten. Die Alten überlaß' ich Dir gerne."

— „Sprich um des Himmelswillen nicht von sündhafter Regung; unser Seraphinenkuß hat mit schnöder Sinnlichkeit nichts gemein. Während mein Weib mit unserm Großmeister Hebbeling allein im Gemache war, woselbst er in Gebet und Belehrung ihre Augen dem Lichte öffnete, habe ich stundenlang vor der verschlossenen Thüre gekniet und gebetet, damit die Gnade des Herrn bei mir durchbreche, ohne eine Regung von Eifersucht zu spüren; denn Alles Irdische ist uns fern."

„Da gehört ein gutes Naturel dazu."

— „Mein Weib hat Aussicht nächstens in den dritten Grad vorzurücken, doch hoffe ich ihr bald zu folgen, sobald der Herr will."

„Dann erhältst sie sicher den Seraphinenkuß früher als Du."

— „Ich beneid sie um das Glück des Auserwählten."

„Mir für meine Person aber wär's nicht gleichgiltig, wenn sich meine Frau von dem Ersten, Besten — und wären es lauter Seraphine — müßte abküssen lassen."

— Das verstehst Du nicht; denn noch wandelst Du im Finstern und kein Strahl der Gnade ist in Dein Herz gedrungen. Mene tekel. Kehr' um: noch ist es Zeit. — Liesest Du die evangelische Kirchenzeitung?"

„Nein!"

— „Hier," sprach er und schob mir ein Paket
von Heften, sogenannte Tractätlein in die Hand,
„lies dieses und Du wirst erleuchtet werden. Aller
Anfang ist schwer — eben wie ich schon gesagt: die
Gnade des Herrn ist auch im Sündhaften mächtig.
Baue auf ihn. **Mene tekel.**"

„**Mene tekel!**" rief ich lachend, „der Teufel soll
mich holen, wenn ich ein Wort davon verstehe.
Mene tekel. Kehr' mit mir um, Du Narr! Dort
an der Ecke zum Italiener. Er hat frische Austern;
wir wollen einigen Bouteillen die Hälse brechen.
Schwemme Dir den Unsinnsschlamm mit Wein aus
dem Leibe, wie Dir der Weltschmerz mit Extract von
Sennesblättern auspurgirt worden ist."

„Fluche nicht!" versetzte er und zog sich scheu
zurück, „dieses spricht der Satan aus Dir. Vielleicht
weilet noch in einem Winkel Deines Herzens das
Lamm und treibet, wenn Du aufrichtig die Gnade
suchest, den Teufel hinaus."

„Komm, Hyperboräer!" lachte ich und nahm ihn
unter dem Arme, „vor der Hand wollen wir's mit
dem Weine versuchen."

— „Du frevelst," entgegnete er mit strafendem
Tone und riß sich los. „Wende Dich zum Lamme!

rufe ich noch einmal. Ich trinke keinen mehr; ich
gehöre zum Mäßigkeitsvereine."

„Nun unmäßig warst Du einmal, Deinen Ver-
lobungstag etwa ausgenommen; das machte die Des-
paration. Also auch das noch! Du bist wirklich
Mitglied eines constituirten Mäßigkeitsvereines, der
Wein und Brantwein verflucht und im nervenab-
stumpfenden Thee sein Heil sucht. —"

— „Der Mäßigkeitsverein befördert unsre Zwecke,
in den Versammlungen desselben entwickeln wir unsre
geheiligten Lehren und befruchten mit denselben die
nüchternen Gemüther. Wir haben schon dreißig Ecken-
steher bekehrt. Wer von ihnen eine ganze Woche den
Schnaps gelassen, erhält am Sonntage eine Prämie
von zwölf Groschen aus der Gemeindekasse."

„Um sich am Sonntage desto mehr zu betrinken. —
Da Du nun mit mir nicht zum Italiener gehen
willst; so führ' mich zu Deiner Frau. Ich will sie
begrüßen. Hoffentlich ist sie gegenwärtig vernünftiger, als Du, trotz aller falschen Dative und Accu-
sative."

— „Komm," sagte er, „und hilf mir in sie
bringen, daß sie unablässig und immer emsiger und
emsiger an sich arbeite, um ganz in die Gnade zu
kommen und in den dritten Grad vordringen zu
können. Vielleicht hat der Herr Großes mit uns vor."

„Ich werde mich wohl hüten; das überlasse ich
dem Herrn, dem man nicht in's Handwerk pfuschen
dorf, und Deiner glaubenskräftigenden Ueberredungsgabe. Ich wette, Auguste spricht vernünftiger als
Du. — Was macht Deine Schwiegermutter?"

— „Ich wollte sie bekehren — aber das Weib
hatte weder Intelligenz noch Glaubenseifer. Sie
sagte mir in ihrem schmählichen Dialecte: Verehren
Sie Ihren Gott auf Ihre Weise, ich verehre den
Meinen auf die Mihrige. — Ich gab mir alle mögliche Mühe die Gnade bei ihr zum Durchbruch zu
bringen. O! mein Freund! es war vergebens. Ich
gebe sie von nun an verloren. Sie stehet bei dem
Böcken. O, theurer Bruder, was habe ich geduldet!
Freilich für das Lamm und danke dem Herrn, daß
er mich dieses Kampfes gewürdigt hat. Wo ich sanft
war, da war sie störrisch; wo ich mild; überzeugend
lehrte, da schalt, da höhnte sie. — Ja denke Dir,
Freund! das Weib hat sogar einmal geflucht. Da
sahe ich, daß der Satan ihr Herz schon ganz einge-
nommen und ließ sie dann gewähren. Auguste weinte,
es gab nichts als häuslichen Zwist. In Folge dessen
ist sie denn nach Neubrandenburg zu ihrer Schwester
gezogen, schon seit zwei Monaten. O welch ein Verlust! Das Weib wäre ein Werkzeug in unsern
Händen geworden, um in Neubrandenburg eine Colonie

unserer Gemeinde zu gründen; denn in der That:
die Frau hat eine Art Suade und Ueberredungsgabe,
namentlich für Leute einer gewissen Sphäre, wogegen
nicht aufzukommen ist."

„Vielleicht störte sie Deinen häuslichen Frieden
und dann ist es besser, daß sie ging. Du lebst wohl
jetzt recht glücklich?"

— „Nein, gerecht muß ich sein, lieber Freund
in Christo — den ehelichen Frieden hat sie nicht ge=
stört. Sie war fast zärtlicher gegen mich, als Auguste.
Denke Dir, sie kochte selbst, um mir meine Lieblings=
speisen zuzubereiten; sie behandelte mich mit größerer
Zärtlichkeit als ihre eigene Tochter. Das muß ich
ihr zum Ruhme nachsagen. Aber von der Gnade
wendete sie sich verstockt ab, gab der Tochter ein schlim=
mes Beispiel und ließ alle Belehrungsversuche an
ihrem Eigensinne scheitern. — Auguste gehorchte
mir, wenn auch anfangs wider Willen; seltsamer
Weise kam die Gnade so früh über sie. O! sie wäre
längstens schon im dritten Grab, wenn die Schwieger=
mutter sich ihr nicht gewissermaßen als Glaubens=
hemmschuh in den Weg gelegt hätte."

„Aber lieber, guter, toller, närrischer Kerl," sagte
ich, und drückte seine Hand, „laß doch die Leute
glauben, was sie wollen, wenn sie nur redlich, das
heißt, Gott gefällig handeln. Der große Friedrich

sagte: In meinem Lande kann jeder nach seiner Façon
selig werden."

„Gute Werke" wiederholte er geringschätzend,
„das genügt nicht, Du predigst einen craßen In-
differentismus: der ist vom Bösen. Wir kämpfen mit
allen Waffen, mit aller Macht der himmlischen Heer-
schaaren, gegen die Denkgläubigen. Diese sind die
Rotte Kora, die vertilgt werden muß von der Erde,
damit das Reich des Herrn bestehe. Schon hat unsre
Lehre Wurzel gefaßt, schon sind die Grundpfeiler ihres
Thrones gegründet. Nicht nur Laien, schlichte Handwerker, sondern auch Priester, Gelehrte, hochstehende
Militairs und Beamte sind mit uns im Bunde. Wir
wollen die evangelische Glaubensreinheit, welche schier
verloren gegangen ist, wieder herstellen und so auch
eine echt evangelische Kirche, mit einem sichtbaren Ober-
haupt, unabhängig von der profanen und meist frivolen
Gewalt und Einwirkung der weltlichen Herrschaft."

„Also einen protestantischen Papst, Cardinäle, Erz-
bischöfe, Bischöfe, Capitel, Klöster!" rief ich schmerz-
ergriffen. „Wozu war dann Eure Reformation, mit
der Ihr Euch so viel brüstet? Wehe dem Lande, wo
Euer Glaube zur Staatsreligion wird! Laß uns davon schweigen, ich bitte Dich darum, und verbittre
mir die Freude am Wiedersehen nicht. Es ist traurig, daß ich Dich so wiederfinden muß."

„Wie es wird, das wissen wir nicht; aber gut und geheiligt wird es werden: denn es wird durch die Gnade geschehen. Weine nicht über mich; denn ich, wir sind, über jedes Mitleid erhaben — wir wissen, was wir wollen und sollen. Weine über Dich, wie ich über Dich weine, da Du noch im Finstern wandelst. — Wie gerne gäbe ich Dir das Licht. Doch lies, lies nur; vielleicht ist noch nicht Alles verloren."

„Genug davon! Ich sehe schon, wir werden uns darüber nie einigen. Ich rufe Dir zu: Geh Du linkwärts, laß mich rechtwärts gehen. Im Uebrigen bleiben wir Freunde. Ich hoffe der Paroxismus wird vorübergehen, wie Dein Weltschmerz vorübergegangen ist. Nur mit Einem verschone mich: gieb Dir keine Mühe mich zu bekehren!"

Er faltete die Hände und seufzte: „Der Herr erleuchte Dich! —"

„Um auf etwas Anderes zu kommen," sprach ich, „da ich eben Deines Weltschmerzes erwähnte. Wie stehst Du mit Deinem Freunde Wachtelreiter, dem Großen?"

— „Schweigen wir davon. Er hat seinem Selbst, dem Moloch, gehuldigt. Er wollte nichts als Lob und als wir dessen das Möglichste gethan, warf er uns weg, wie unbrauchbare Werkzeuge und griff nach

Andern, nach den Jämmerlichsten sogar, wenn sie
nur seinem Zweck, der Befriedigung seiner Eitelkeit
dienten. Lob ist sein Element, seine Atmosphäre.
Dessen konnte er nie genug haben, uns warf er zuweilen einen Brosamen hin, nicht als Anerkennung,
nur als Anspornung zu neuer Lobhudelei. Sein
Egoismus ist grenzenlos. Stets sprach er nur von
der Sache, die er verfechte; aber die Sache war er
allein. Laß ihn — er hat keinen Glauben; er ist
nicht von uns. Ich schäme mich des ganzen bisherigen Treibens, seit ich das Heil gefunden. Ich werde
binnen Kurzem den letzten Staub von meinen Schuhen
schütteln."

„Thu' das," ironisirte ich, „und wo möglich
allen. Nimm Deinen frühern Bedienten wieder,
von dem Du selbst behauptetest, er putze die Stiefeln
so blank, wie kein Anderer in Berlin. —"

Wir erreichten seine Wohnung.

— Wie erstaunte ich, als mir Neumanns Auguste
entgegentrat. Aus der magern, spitzigen Stinte war
in Folge des Ehestandes eine wunderhübsche, blühende
Frau geworden. Was scharf und kantig an ihr war,
hatte einer wohlthätigen Rundung Platz gemacht.
Sie begrüßte mich mit ungeschminkter Herzlichkeit;
die Brust ging ihr auf, als sie den alten Bekannten
aus Alexanderbad, den brüderlichen Freund ihres Gatten

wiederſah. Dieſer hatte ihr geſtanden, daß ich ihm
zum Ehebündniſſe mit ihr gerathen habe und ſolch
ein Wohlwollen vergeſſen die Frauen nie. Sie machte
in ihrer Rede auch nicht mehr ſo viel Verſtöße gegen
Dativ und Accuſativ. Wenn ſie auch, nach ihm
weiter in der Gnade war, ſo war ſie bei weitem nicht
ſo kopfhängeriſch, verdüſtert wie er. Sie war unbe=
fangen, fröhlich, ja ſie hatte ſelbſt den Theil Ber=
linerthums, welchen ſie noch im Babe zur Schau
getragen, abgelegt. Nur wenn ein mahnender Blick
ſie traf, hielt ſie ſcheu ihrer Fröhlichkeit ein. Die
Frau war in der That allerliebſt und mir zehnmal
lieber als der Mann in ſeinem gegenwärtigen Seelen=
zuſtande.

Sie bat ſo rührend, ſo freundlich, ſo herzlich, ich
möchte doch bei Tiſche bleiben und fürlieb nehmen,
bis ich zuſagte. Während deſſen ſteckte Neumann die
Naſe in ein Goßnerſches Tractätlein.

— Bevor wir Drei uns zum Dinée ſetzten, hielt
Neumann erſt ein langes, ſalbungsvolles Gebet. Ich
ehre jeden Ausdruck der Andacht; aber ich mußte mich
mit aller Kraft gewältigen, als ich den ehemaligen
Rouée, den Weltſchmerzmann, den Anführer von
tauſend tollen Streichen in der Studentenzeit, ſich in
ſalbungsvollen, myſtiſchen Phraſen vor dem dampfen=
den Suppenteller ergehen ſah. — Sein Appetit —

so sehr er selbst sich geändert hatte — war noch derselbe
geblieben; dies machte mir Hoffnung; ich gab ihn
nicht ganz verloren.   Noch vor dem Rindfleisch aß
er drei Neunaugen und zum Fleisch selbst vier Gurken.
Jeder neuen Schüssel, wir hatten deren neun —
sprach er im gleichen Verhältnisse zu, dabei trank er
nichts als Wasser — denn alle gegornen Getränke
waren nach ihm Gebräubeder Hölle, erfunden die Welt
zu verderben — auch die Frau durfte nur pures
Wasser trinken.   Ich als Weltkind, erhielt Wein. —

Während er seinen Riesenappetit stillte, unterbrach
er unsere Unterhaltung nicht, die sich so ziemlich um
alte Bekanntschaften, um Persönlichkeiten und deren
Schicksale drehte. Von der Basler erfuhr ich, daß sie
mit dem Forstmeister sehr, sehr glücklich verheirathet
sei. — Die junge Frau seufzte, als sie mir dies
erzählte.

Nachdem

> „Neumann der Glaubens Sieger
> hatte gebändigt seinen Tiger"

ich meine den „Magen," mischte auch er sich in unsre
Unterhaltung.   Doch waren es wieder die vertrackten
Belehrungsphrasen, mit denen er mich auf der Straße
regalirt."

„Aber bleib doch beim Teufel damit" rief ich endlich ungeduldig, „Du hast es ja schon gehört, daß

ich nicht bekehrt sein will. Ich habe gerade so viel
Talent zu Deinem Pietismus, wie der Esel zum
Lautenschlagen und glaube, Du geberdest Dich darin
wie der gefangene Affe in den Pechstiefeln."

. Ich bitte Dich um des Lammes willen," flehte
¹ängstlich, „fluche nicht so sehr; es sprüht aus Dir
der Moloch. Willst Du auch verstockter Weise nichts
für Dein Seelenheil thun, so unterlaß das Fluchen
doch um meines armen Weibes willen, das im zweiten
Grade der Gnade ist."

„Bruder," sagte ich beschwichtigend, „es ist besser
ich poltre den Fluch ·des Unmuthes heraus als ich
behalte ihn im Herzen — wie es deucht mir, viele
der Deingläubigen thun. Der Herr wägt nicht das
Wort, sondern die Gesinnung."

„Nun, wie Du willst," entgegnete er sanft, „ich
schüttle den Staub von meinen Schuhen und gehe
jetzt in mein Kabinet, meine Nachmittagsandacht zu
verrichten. — Ich lasse Dich mit Augusten eine halbe
Stunde allein; vergiß nicht, was ich Dir gesagt
habe." — Er entfernte sich.

„Liebenswürdige Frau,". sagte ich theilnahmvoll
zu Angusten, die sich ins Fenster gesetzt, „wie fühlen
Sie sich in der Ehe —; doch recht glücklich? Sie
kennen meine Theilnahme."

„Ach Gott ja," seufzte sie, mir die Hand reichend

unb Thränen traten in ihre Augen, „lieber, theurer
Herr und Freund! Wenn Sie mir nur helfen könnten.
Kaum habe ich ihn durch den Medicinalrath seine Tropfen
vom Weltschmerz kurirt, so hat er eine andere Art
Homer bekommen. Er hat eine neue Religion erfun=
den oder nur angenommen, von der ich partoutément
nichts verstehe. Es ist Alles mit der Gnade; was
das aber heißen soll, begreife ich nicht. Ich bin zwar
schon im zweiten Grad, wozu mich die Vorsteher aus=
gewählt haben, aber nicht klüger als zuvor. — Rathen
Sie mir — ich weiß mir selbst nicht zu helfen. —
Ja, wenn der Medicinalrath da wäre, der gäbe mir
gewiß etwas an die Hand."

„Sie müssen vor allen Dingen," tröstete ich, „Ge=
dulb haben, auch diese Sorte von Weltschmerz wird
vorübergehen. Er ist brav und reblich; sein Herz
ist gut."

„Gewiß, gewiß," versetzte sie, „er ist seelengut;
er hat mir noch kein hartes Wort gesagt. Nur pei=
nigt er mich mit den Gnaden und andern Dingen,
die ich nicht begreifen kann. So soll ich mich nicht
putzen, soll nicht in's Theater und Concert gehen,
was er die Absteigequartiere des Satans nennt. —
Wozu bin ich denn eine junge Frau? Er will, ich
soll den ganzen Tag aus alten Büchern, die er haufen=
weise herbeischleppt, beten und singen. Das thu' ich

ihm denn auch manchmal zu Liebe; aber auf die Länge
halte ich's nicht aus. Es steht so viel verworrenes
Zeug darin, daß mir dabei der Kopf stille steht. Und
so werde ich ja meines Lebens nicht froh."

„Auch diese Narrheit wird vorübergehen. Haben
Sie es vielleicht mit der Eifersucht, mit dem Schmol-
len, mit etwas Zanken versucht?"

— „Das hat mir Mutter auch gerathen; aber
er ist gar nicht eifersüchtig und wenn ich zanke und
schmolle, ist er so weich und nachgiebig, so fromm und
mild, daß er mich dauert und ich weinen muß. —
Sie sehen wegen dieser neuen Krankheit auch die
Mutter nicht mehr bei uns; was mir weh thun
muß — denn ich habe Niemanden, vor dem ich mein
Herz ausschütten könnte. Sie war freilich nicht so
nachgiebig und geduldig wie ich, aber er verlangte
von der alten Frau, sie sollte den neuen Glauben an-
nehmen, von dem sie noch weniger verstand, als ich.
Die gute Frau war nunmehr funfzig Jahre mit ihrem
Glauben ausgekommen und sollte sich nun mit Gewalt zu einem andern bequemen. Da gab es denn
nichts, als Streit und schiefe Gesichter. Vollends
als Mutter, da er sie einmal in die fromme Versammlung einführte, dort einschlief und zum allgemeinen Aergerniß der Andächtigen laut schnarchte.
Ich glaubte, meinen Eduard trifft der Schlag. Er

sagte, er sei blamirt und würde nie in den zweiten Grad einrücken; denn das ist sein einziges Streben. Ich glaubte, er ist mir sogar gram, weil ich darin einen Vorzug habe, weil, wie er sich ausdrückt, die Gnade früher über mich gekommen ist. Und doch muß ich gestehen, daß er mich immer noch liebt, freilich nicht in der Art wie früher. — Die schändlichen Leute, die ihm das Zeug in den Kopf gesetzt, sind allein an meinem Unglück schuld."

Die schöne Frau weinte wieder; ich suchte sie nach Kräften zu trösten. —

„Woraus schließen Sie auf Abnahme seiner Zärtlichkeit? fragte ich; „in meiner Gegenwart ließ er es wenigstens nicht an der gebührenden Achtung und Aufmerksamkeit fehlen."

„Ach!" seufzte sie und erröthete, „er hat mich seit einem Vierteljahre vor dem Schlafengehen nicht ein einzigesmal geküßt. Die Frommen haben es ihm wahrscheinlich untersagt."

„Das ist freilich eine fatale Vernachlässigung für eine junge Frau; aber lassen Sie mich gewähren — ich werde ihm in's Gewissen reden; es soll Alles wieder in's Gleis kommen. — Vor der Hand üben Sie nur Nachsicht: ich kenne ihn und weiß, daß ihn jeder Widerstand nur reizt und noch halsstarriger

macht. Geben Sie Acht, der Paroxismus wird bald
austoben, wie der Frühere."

— „Ja wenn nur der Medizinalrath aus Alexan=
derbad da wäre, der gäbe mir gewiß wieder ein
Mittel gegen diese neue Sorte von Weltschmerz.
Das Erste hat gleich geholfen. Ich will an ihn
schreiben."

„Ich zweifle, meine gnädige Frau! diese Krankheit
ist ganz anderer Natur. Ich habe schon viel gehört
und gelesen von dieser geistigen Epidemie, die in so
vielen Köpfen spukt und sich von den höchsten Krei=
sen aus bis in die Niedrigsten erstreckt. Bis jetzt
hab' ich mich nicht weiter um die Symptome und
den Verlauf dieser Krankheit bekümmert, Eduard ist
der erste Patiient dieser Art, der mir in den Wurf
kommt. Ich kurire ihn vielleicht; wo nicht, so heilt
ihn die Zeit durch Enttäuschung; Alles, was sich auf
einer gewissen schwindlichen Höhe bewegt, fällt über
Kurz oder Lang zu Boden. Vertrauen Sie!"

„Das muß ich wohl; denn selbst aus dem vielen
Beten, das er mir anpreist und das ich gerne thue,
wenn mich das Herz dazu drängt, erwächst mir kein
Trost. Er sagt, man müsse auch mit dem Verstande
beten, das Herz genüge dem Herrn nicht allein, den
Geist müßten wir gefangen geben und wie das Zeug
Alles heißt. Glauben Sie, werther Freund, Mutter

ist gewiß auch fromm und gottesfürchtig; sie ging jeden Sonntag in die Kirche und erbaute sich an der Predigt und betete zu Hause ihren Morgen= und Abendsegen und communicirte zweimal im Jahre. — Das war ihm aber noch nicht genug. Er sprach immer von ihrem Sündenschlamm, vom Teufel im Herzen und das nahm Mamma übel und ist deshalb von uns fort nach Neubrandenburg gezogen."

Eduard trat ein, einen Folianten unter dem Arme. Er schien geschlummert zu haben.

„Kennst Du Jacob Böhme's Werke?" fragte er. — „Nein!"

„Dann lies. Ich habe aus einer Seite dieses Buches mehr Weisheit gelernt, als aus den sämmtlichen Schriften aller Philosophen alter und neuer Zeit. Hör' nur diese Stelle." Er blätterte in dem staubigen Buche.

„Um des Himmelswillen," rief ich, „verschone mich. Ich wittre Unsinn. Ich gehe hinaus in den Thiergarten in das Waldesdunkel, wo mich Niemand belauscht, dort schlage ich Gottes Buch, die Natur auf, darin allein ist wahre Weisheit, klar, unvergänglich, heilig! Dort laß mich beten. Nicht aus dem Bücherstaube klaube ich meinen Glauben und meine Erhebung. Willst Du mit?"

„Natur," wiederholte er, „übertünchter Moder,

Schimmel, geschminkte Lüge. Nur im Herrn ist Wahrheit, Jede seiner Creaturen ist mehr oder minder ein faul oder stinkend Gefäß, wenn es seine Gnade nicht erfüllt und mit dem Hauche des göttlichen Ambra durchwürzt.''

„Nun, wie Du willst,'' sagte ich ärgerlich, „küßte der schönen Frau die Hand und empfahl mich, mit dem Versprechen, recht bald wieder zu kommen, obgleich ich mir innerlich sagte, daß ein öfterer Besuch in diesem Hause nicht erquicklich sein könne. —

Er warf mir noch in der Thüre einen Segensspruch nach; ich rannte die Treppen hinab. —

Ich eilte in den Thiergarten. Unter den Zelten stürzte mir Frau von Schnubel entgegen und hing sich an meinen Arm; sie war wegen einer neuen spontinischen Oper von Treuenbrizen nach Berlin gekommen.

Nach den ersten Begrüßungen, worin sich die Freude des Wiedersehens aussprach, fragte sie sogleich, ob ich Neumann's bereits besucht habe.

„So eben,'' sagte ich.

— „Nicht wahr?'' fuhr sie fort, „die Leute leben nicht ganz glücklich!''

Ich sah sie bedeutungsvoll an und zuckte die Achseln.

„Aber, Du Himmel!'' rief sie, „Sie wissen auch

Alles. Sagen Sie mir nur lieber Mensch, wie er=
fahren Sie das sogleich? Ich habe doch auch meine
Connexionen, ich renne den ganzen Tag herum, ich
habe meine Quellen; ich sage zwar selbst nichts, lasse
mir aber Alles erzählen. Und wenn ich nun glaube
Ihnen, die ewig in der Welt herumfliegt, wie der
ewige Jude — verzeihen Sie — etwas Neues mit=
zutheilen; so sind Sie bereits davon unterrichtet. So
oft ich Sie noch gesehen habe, schnappen Sie mir
die Neuigkeit vom Munde weg und ich muß ver=
stummen."

„Das ist unmöglich," versetzte ich, ohne daß sie
den Sarkasmus merkte."

„Nein, ich lasse mir's nicht nehmen, Sie müssen
eine sehr scharfe Beobachtungsgabe haben. Ihnen
kann man gar nichts erzählen. Also Sie waren bei
Neumann's? Wie haben Sie sie gefunden?"

„Heut bei Tische," entgegnete ich; „er hat sich
wieder eine Narrheit angeschafft, die indessen, glaube
ich, nicht lange ausbauern wird, und sie muß sich,
wenn auch ungerne in seine Launen fügen. Uebri=
gens achtet und liebt er sie und jenen, einen Umstand
ausgenommen, fühlt sie sich ganz wohl."

— „Sie wird Ihnen freilich nicht Alles sagen,"
fuhr die Schnudel fort, indem wir uns an einem
freien Tische unter dem Zelt niederließen und Thee

bestellten; „aber ich weiß das besser. Sie weint Tag
und Nacht über seine Verdrehtheit. Ich habe es
vorausgesagt, schon in Alexanderbad — Niemand
wollte mir glauben. Nun — Sie freilich waren nicht
mehr dort. Alle Welt meinte: S i e wird ihn unter
den Pantoffel bringen. Ich aber sagte: Nein, Sie
werden es erleben. Er heirathet sie **par dépit.** Das
wird er ihr eintränken. Denn sie hat sich ihm so zu
sagen an den Hals geworfen. Ich beobachtete sein
saures Gesicht, wenn sie ihn küßte und mit Liebko=
sungen überhäufte. O! ich sehe klar — mich täuscht
man nicht. Dann ist er ein Charakter voller Launen,
wie ein Apriltag. Ich kannte ihn schon, als seine
selige Mutter noch lebte; er war der Einzige, ein
verzogenes Kind. Der wird sie ducken, und geht's
durch den festen Willen, nicht, so treibt er's durch die
Narrheit. Davon hat er eine gute Portion im Kopfe.
— Man wollte mir nicht glauben, man schüttelte
die Köpfe, man glaubte, ich wolle verläumden. Hab
ich nun nicht Recht, Recht Recht?" —

— „So arg ist es nicht, meine Gnädige, man
hat Ihnen dies mit zu schwarzen Farben geschildert.
— Ich glaube, sie leben, trotz des kleinen Zwiespalts
der Neigungen, doch recht glücklich!"

„Schein, Alles Schein!" eiferte sie, „ich habe
meine Quellen, ungetrübte Quellen, aus denen ich

schöpfe. Sehen Sie Verehrter, er ist unter die Mucker
gegangen. Ich weiß nicht, was das für eine Gesell=
schaft ist; nur so viel ist mir bekannt, daß sie beten.
Was sie sonst noch treiben, davon will ich nichts
wissen, glaub' es auch nicht, bis ich's gesehen habe.
Da hat er denn die Frau auch in die Betstunde ein=
geführt; sie hat als Auserwählte sogar schon den
zweiten Grad erhalten. Sie sehen, ich weiß Alles.
Das Beten und Singen aber behagt ihr nicht; sie
ginge lieber in's Conzert, auf den Ball, in's Theater.
Das ist in seinen Augen aber Sünde. — Verargen
kann ich's ihr nicht; denn sie ist eine Frau. Alle
alten Jungfern, wenn sie erst kürzlich verheirathet
sind, heißen nemlich junge Frauen. Daher der Zwist
der Zwiespalt, Zank und wer weiß, was Aergres noch.
— Wenn sie Vermögen hätte, ich glaube, sie ließe
sich scheiden."

„Nein, meine Gnädigste!" rief ich, „da sind Sie
doch nicht ganz gut unterrichtet. Man hat übertrie=
ben. Ich habe die Frau recht gesund und blühend
gefunden: keine Spur von Gram auf ihrem Gesichte.
Sie ist jetzt viel schöner, frischer, üppiger geworden,
als sie als Mädchen war."

„Das ist oft der Fall, das kenne ich. Wenn die
alten Mädchen zu einer gewissen Zeit noch heirathen,
so blühen sie wieder auf, das kommt von der Ehe

her. Sie wird sich auch länger conserviren — denken Sie an mich — als die Basler. Die war noch zu jung zum Heirathen. Die nimmt das erste Wochenbett mit. Ich kenne das aus Erfahrung. — Und die Mutter — was meinen Sie dazu — die haben Sie gewiß dort nicht gefunden? Die Frau mit ihren Prätensionen und ihrem schlechten Französisch war freilich fatal. Aber es bleibt doch immer die Schwiegermutter. Darauf mußte er Rücksicht nehmen. Aber nunmehr leben sie in offenbarer Feindschaft. Die hält sich, getrennt von der Tochter, in Neubrandenburg auf. Wissen Sie das schon?"

— „Man hat es mir gesagt."

„Nun Sie wissen auch Alles! Das kann übrigens die Frau in's Grab bringen; denn es bleibt doch immer die einzige Tochter und von der sich trennen müssen, ist bitter. Und sie glaubte den Himmel auf Erden zu finden; denn weil er reich ist, dachte sie ein Haus zu machen, hoffte sich ein Air geben zu können. — Sie war im Grunde auch gegen die Verbindung, sie durchschaute ihn trotz ihres beschränkten Verstandes; sie hat mir oft gesagt, daß er ein Narr, daß er dem Ueberschnappen nahe sei. Aber Auguste hörte und glaubte nicht. Nun hat sie's. Die Alte speculirte auf den Oberförster wie Sie wissen; aber der hatte schon bei der Basler ange-

biſſen. Die Baßler war freilich noch zu ſehr Kind
und ich möchte ſie nicht nehmen, wenn ich ein Mann
wäre; aber ehrlich geſagt, auch die Stinte nicht, ſchon
wegen der Mama. Freilich, zum Ehegatten taugte
der Forſtmeiſter beſſer: er iſt einfach, verſtändig und
reſolut. — Wie das Alles endigen ſoll, weiß ich nicht.
Geben Sie acht: es gibt eine Scheidung. Aber auf
welche Art! Die Stinte's haben kein Vermögen. Es
wird nicht anders gehen; er muß ihnen einen Theil
des Seinigen abtreten. Heut über ein Jahr ſprechen
wir uns wieder. Sie ſollen Wunderdinge erleben.
Nun ich ſage nichts; aber Alles, was ich je geſagt,
iſt bisher eingetroffen."

Ich hatte mehrmals verſucht durch einen Ein=
wurf die Schleuße ihres Wortſchwalls zu dämmen; es
war mir nicht möglich; endlich ſchöpfte ſie Athem und
ſchlürfte Thee, um die trocken gewordene Kehle zu
befeuchten. Dieſe Pauſe benutzte ich.

„So recht, gnädige Frau", ſagte ich, „ich er=
kenne in dieſen Worten Ihr wohlwollendes Herz. Ja,
überlaſſen wir dies der Zukunft. Ich kenne Neumann
ſchon ſeit zwölf Jahren, war fortwährend Zeuge ſeiner
Thorheiten und ſah, wie keine derſelben bei ihm lange
Zeit Beſtand hatte. Daß dieſe Muckerei, wie Sie es
zu nennen belieben, freilich eine gefährlichere Krank=
heit iſt, als der Weltſchmerz" —

„Sie meinen den Splehn, woran er im Alex:
anderbade litt; ja, das war auch eine Narrheit und
ein Anfang zu dieser", unterbrach sie.

— „Will ich nicht ableugnen; aber ich hoffe be:
stimmt, er wird auch davon genesen. Ich will mir
redliche Mühe geben und wenn Sie die Gnade hätten,
meine Bestrebungen zu unterstützen."

„Ja, das will ich; seinen Freunden muß man
helfen, wenn man kann, selbst wider ihren Willen.
Ich werde Morgen Neumann's besuchen und erst die
junge Frau und dann ihn in's Gebet nehmen. Mir
soll er nicht Stich halten. Auf jeden seiner Gründe
hab' ich tausend andere, die noch dazu schlagend sind,
und wie!"

„Es dürfte nunmehr wohl Zeit sein in's Theater
zu gehen — wollen Sie mir den Arm geben, gnädige
Frau?"

„In der That", rief sie, sich erhebend und sah
nach ihrer Cylinderuhr, „es ist beinahe halb sechs.
Allons, mon ami! — Sie gehen doch in die neue
Oper? Sie können sich einen Logenplatz neben mir
nehmen. Wir können uns in den Zwischenacten, die
so ungebührlich lange dauern, noch ordentlich aus:
sprechen."

„Ich muß herzlich bedauern, meine Gnädigste!
Ich habe eine Einladung vom **schen Geschäftsträger

zu einem diplomatischen Whist. Diesem kann ich
nicht entgehen. Wenn Sie aber erlauben, will ich
Sie bis in's Opernhaus geleiten."

Dies wurde mit Dank angenommen. Ich verließ
die Dame am Portale, mit dem Versprechen, sie recht
bald zu besuchen und nachdem sie im Foyer zur ersten
Gallerie verschwunden war, löste ich ein Billet und
verkroch mich im Parterre. — Ich wollte die Oper
ohne die Zwischenacte der Frau von Schnubel hören! —

Sechs Wochen später pralle ich an der Ecke der
Markgrafenstraße ziemlich derb mit einem jungen Mann
zusammen. Gleichzeitig riefen wir: Excuse!

Wer malt mein, wer sein Staunen! Es war
Eduard — und abermals umgewandelt: im eleganten
Frack, bespornt, eine Reitgerte in der Hand, das
Haar verschnitten und gebrannt, einen schwarzgefärbten
Henriquatre am Kinn.

Ich hatte ihn, weil seine Narrheit immer ärger,
sein Bekehrungseifer immer fanatischer und unaus-
stehlicher wurde, seit fünf Wochen gar nicht mehr
besucht, hatte ihn ganz aufgegeben. — Er schloß mich
in seine Arme.

„Seeh— Meermensch", rief ich frappirt, „wie
siehst Du heut wieder aus? Was ist mit Dir seither

wieder vorgegangen? Biſt Du der Alte noch, haſt
Du nur Komödie geſpielt? Wo iſt Deine Kutte,
Dein langes Haar? Ich glaubte Dich ſchon längſt
bei den Kapuzinern in Baiern.“

Er ſchlug ein helles Gelächter auf, faßte mich am
Arme und ſagte: „Komm Bruder dort zum Italiener.
Er hat eine ganz neue Sendung Champagner erhal-
ten. Ich muß Dir Wunderbinge erzählen; aber nur
bei der Flaſche und einer geräucherten pommerſchen
Gänſebruſt.“

„Aber ſag' nur“, ſagte ich während des Weiter-
gehens, „was iſt in ſo kurzer Zeit mit Dir vorgegangen? Ich hätte Dich faſt heute eben ſo wenig
erkannt, wie vor ſechs Wochen in der Kutte.“

„Bei der Flaſche! bei der Flaſche!“ wiederholte
er, „ſollſt Du Alles erfahren; nicht anders. Erſt
muß ich ein ſolides, comfortables Frühſtück im Magen
haben. Dann will ich erzählen, beichten. Du kannſt
mich auch tüchtig auslachen, ich erlaube Dirs'. Ich
weiß, warum Du mich gemieden: Du hatteſt Recht.
Sei aber nicht böſe, daß ich Dich nicht aufgeſucht:
bei Gott! ich ſchämte mich und fürchtete Deine Sar-
casmen. Nun iſt's aber überwunden; ich bin heut
bei göttlicher Laune, zumal da ich eine neue beträchtliche Erbſchaft gemacht. Du kannſt mich heut alſo

verlachen, verhöhnen, verspotten: ich werde Alles
dulden, ohne zu mucksen.«

„Das hab' ich also Deiner Frau doch gut prophezeit!«

— „Und sie hat Dich nicht wenig belobt. Thu'
mir die Liebe und komm wieder zu uns, Du machst
ihr eine unaussprechliche Freude. Auch die alte Stinte
ist wieder da. Ich lebe jetzt ganz glücklich.«

„Und wem hast Du denn eigentlich diese gänzliche
Umwandlung zu danken?«

„Theils dem Zufall und dann meiner braven
Frau. Du sollst Alles wissen.«

Wir traten bei dem Restaurant ein. Eduard bestellte ein Frühstück. Bevor er seinen Riesenappetit
nicht gestillt, war kein Wort aus ihm herauszube-
kommen. Ich mußte mich also in Gebuld fassen.
Nachdem er rasch nach einander Caviar, Sprotten,
Neunaugen, frischen Lachs und Gänsebrust, ferner
ziemlich ein Pfund Chesterkäse vertilgt und wir die
zweite Flasche angebrochen, begann er:

„Sieh, lieber Bruder! die Sache wäre zum Tod-
ärgern, wenn sie nicht eben so lächerlich wäre und
ich bin nunmehr in die Stimmung, nenn' es meinetwegen Philosophie, gelangt, die Sachen von der ko-
mischen Seite aufzufassen. Das schadet wenigstens
der Gesundheit nicht und man bleibt bei gutem Appetit.

Wie Du schon weißt, war ich — und noch dazu
von einem hochgestellten Manne — veranlaßt worden,
unter die Frommen zu gehen. Mein erster Auftrag
war Proselyten zu machen und da kam denn mein
Weib, obgleich sie der Sache keinen Geschmack abge-
wann, zuerst daran. Es geschahen Wunderdinge mit
ihr; denn trotz ihrer Widerspenstigkeit und ihres Un-
glaubens, kam sie nach dem Ausspruch der Vorsteher
des Bundes früher in die Gnade, als ich und erhielt
den zweiten Grad. Ich begriff das freilich nicht;
aber man sagte mir, das sei nicht nöthig, ich dürfte
blos glauben. Ich zermarterte mich, daß ich beinahe
wie ein Schemen aussah, ich betete, sang, las, that
Alles, was die Erleuchteten von mir verlangten, ohne
im Grunde weiter zu kommen. Nur mit dem Fasten
mußten sie mich verschonen: Du kennst mein Naturel.
Mein Weib wurde inzwischen immer gottgefälliger
und gnadenreicher. Ich hatte einmal einen Trumf
darauf gesetzt, um in den dritten Grad und so auch
hinter die Geheimnisse zu kommen. Aber was kein
Verstand der Verständigen sieht, das übt in Einfalt
ein kindlich Gemüth. — Mein Weib lief mir den
Rang ab, ohne es zu wollen. Wenn ich nach dem
Warum fragte, hieß es, sie sei in der Gnade, ich
möge nur an mir arbeiten, um auch in die Gnade
zu kommen. Daß dies Alles ohne häuslichen Zwist

nicht abging, kannst Du bei Augustens Naturel er-
messen, die durchaus nichts vom transcendentalen
Wesen besitzt. Mit der Alten hatte ich noch einen
schwerern Stand; mit dieser kam's förmlich zum
Bruche." Er hatte bis jetzt in einem Athemzuge gesprochen und griff zur Flasche, um sich zu stärken.

— „Das weiß ich Alles", warf ich ein, „die alte
Schnubel hat mich unterrichtet."

— „Und weiß auch", entgegnete er lachend, „daß
Du mir diesen Rebecataract auf den Hals geschickt.
In meiner damaligen Stimmung war ich wüthend,
jetzt muß ich darüber von ganzem Herzen lachen, so
drollig war die Situation. Mich, den eifrigen Be-
kehrer, wollte das geschwätzige Weib bekehren. Es
fehlte nicht viel, so hätte ich ihr den Jacob Böhme
an den Kopf geworfen, als sie sagte, es stehe lauter
dummes Zeug darinnen. Sie steckte sich auch hinter
meine Frau und diese hatte recht bittre Stunden. Die
Sache ist zu drollig, nunmehr sie vorüber ist. Ich
habe es bei der Schnubel wieder gut gemacht und
sie ist nicht wenig stolz darauf, mich auf den rechten
Weg gebracht zu haben. Das meint sie nemlich. —
Die Alte war wie gesagt fort, mit Auguste lebte ich
in einem provisorischen Zustande; zum Bruche kam
es Gottlob nicht; denn wenn sie auch weinte, schmollte,
klagte, zankte und mir oft die Galle bis an die Kehle

13*

stieg, so durfte ich doch nicht losfahren, weil man
mir vor allen Dingen Demuth, Sanftmuth, Nach=
giebigkeit geprebigt hatte, ohne die ich nicht in die
Gnabe kommen könnte. Unb in die Gnabe wollte
ich um jeden Preis, denn ich war neugierig, wie ein
Canbibat des Freimaurerthums. So ging es ziemlich
gut und ich fuhr fort, mich zu zerarbeiten. — Da
erleuchtete der Herr plötlich mein obstinates Weib,
ohne daß sie es wußte, und sie wurde von den Obern
für würdig erachtet in den britten Grad zu steigen.
Ich als Mann des ersten Grades durfte natürlich bei
den Mysterien des briten, bei der Aufnahme Augu=
stens nicht gegenwärtig sein."

„Da kommt denselben Abend, wo dies stattfinden
soll, meine Auguste bleich, weinend, schreiend, halb
ohnmächtig nach Hause gestürzt. Ich erschrecke, habe
alle mögliche Mühe sie zu trösten; enblich beichtet sie,
enblich kommt es heraus: die Herren Vorsteher haben
mein Weib verführen wollen: das war der britte
Grad."

Ich lachte hell auf und Eduard stimmte ein. „So
etwas", rief ich, „habe ich gewittert — ich wollte
nur nichts sagen, um Dich nicht noch mehr zu reizen."

— „So war es in der That", fuhr Neumann
fort, „der Hebbeling wollte mit ihr den neuen Hei=
land erzeugen und wenn es ihm nicht gelang, sollten

es die andern Erleuchteten und Auserwählten versuchen.
Meine Auguste ist, wie Du gesehen, nicht häßlich,
und mochte den ältlichen Herren behagen. Das gute
treue Weib, das weder an der Frömmigkeit noch an
den Lüstlingen Wohlgefallen fand, wehrte sich wie
eine Löwin, nachdem ihr deren Absicht klar geworden,
sie tobte, schrie, und gab sogar dem Oberpriester
Hebbeling, als er zudringlich ward, eine Ohrfeige.
Sie brachte die ganze Versammlung in Aufruhr. —
So stürzte sie zur größten Bestürzung der Frommen,
die bei anderen vielleicht leichteres Spiel gehabt, fort,
und zu mir. — Mir fiel es wie Schuppen von den
Augen. Ich lud meine Pistolen, nahm einen Prügel
und wollte in die Versammlung stürzen, um den
Gottesmännern den wahren Heiland einzubläuen.
Auguste war besonnener als ich, sie hielt mich zurück;
sie bat mich, keinen Eclat zu machen; es galt ja auch
ihre Ehre — warum das Aergerniß in aller Leute
Mund bringen? Sie hatte Recht — ich bändigte
mich: obgleich ich vor Wuth knirschte und die Heuchler
am liebsten zu Brei gedroschen hätte. — Ich beschloß
eine Anzeige bei der Polizei zu machen, ging aber
auch davon ab; denn es befinden sich in der Verbrüderung zu viele hochgestellte Männer und zudem
mußte ich mein Weib schonen, wollte ich ihren unbescholtenen Namen nicht vor der Behörde herumzerren.

Wir beschlossen also vor der Hand zu schweigen. —
Schon am folgenden Morgen ließ ich einen Friseur
rufen und mir das Haar abscheeren. Mit jeder ein-
zelnen Locke fiel ein Stück Thorheit von mir ab.
Den Rock, oder Talar, wie Du ihn nanntest, schenkte
ich meinem Bedienten unter der Bedingung, daß er
sich einen Frack daraus machen läßt. Mit den Tractätlein habe ich eingeheizt und den Jacob Böhme
auf den Boden schaffen lassen. — Mein Weib ist
überaus glücklich; sie hatte auf eine so schnelle Umwandlung nicht gerechnet, und ich bin gesund an
Körper und — Geist. Und jetzt, lieber Bruder, lach'
mich tüchtig aus; ich hab's verdient und werd' es
auch in Demuth ertragen.''

— „Das hab' ich bereits innerlich gethan und
schon früher, obgleich ich Dich nebenbei herzlich be-
dauert habe; denn ich glaubte nicht, daß der Paroxismus so schnell vorübergehen würde. Kam die Ka-
tastrophe nicht so, hattest Du kein so braves, einfaches
natürliches Weib, war sie vielleicht eine Emancipa-
tionsfrau und stimmte in Deine Phantastereien mit
ein, so wäre es Dir wohl schlimmer ergangen. —
Es ist nur betrübt, daß Du immer ein Steckenpferd
reiten mußt; denn welche Narrheit kommt jetzt an
die Reihe?''

„Keine, keine! ich schwöre es Dir zu.''

— — „Und ich rathe Dir, laß zur Ader oder ge=
brauche eine Wasserkur, verdünne Dein Blut!“

„Ist nicht mehr nöthig; das Sturzbad, welches
ich durch die letzte Geschichte erhalten, hat mich total
kurirt. Zudem bin ich zur Einsicht gekommen, daß
ich mir keine Bessere zur Gattin wählen konnte, als
meine Auguste. Das Geschick wirkt oft wunderbar
für uns und häufig gegen unsern Willen. Hier
meine Hand darauf, ich treibe keinen Unsinn mehr!
— Noch eine Flasche, da wir uns versöhnt, aus=
geglichen, froh und freundlich wieder gefunden. Ver=
zeih' mir, daß ich Dich — verdammt und zu den
Böcken gestellt habe. Es soll nie wieder geschehen,
Du wohnst in meinem Herzen neben Auguste.“

— — „Die Hand nehm ich an,“ versetzte ich und
stieß mit meinem an sein Glas, obgleich ich Dir
selbst nach dieser Belehrung noch nicht recht traue.
Ein neues Blendwerk, eine neue Täuschung und Du
bist wieder gefangen.“

„Nie, nie!“ rief er „die Cur war wie gesagt,
radical. Denk' Dir nur die Heuchler bewogen mich,
drei Monate lang auf die Liebe meiner Frau zu ver=
zichten. Ich habe die Zeit über wie ein Entsagender,
wie ein Tantalus gelebt. Nicht einmal küssen durfte
ich sie, weil sie in der Gnade lebte und zum dritten
Grad reif wurde. Was wird Auguste von mir

gedacht haben? Und sagen durfte ich ihr den Grund doch nicht; sie hatte ja von Haus aus einen Widerwillen gegen diese Sorte von Frömmigkeit."

— „Freilich, freilich," lachte ich, „der Umstand war nicht geeignet die Pietisterei bei ihr in höhern Credit zu bringen. — Nun verstehe ich auch ein paar Worte, die sie bei meinem ersten Besuche, im Gespräche mit mir fallen ließ. Es geschieht Dir ganz recht, daß Du Ascetik treiben mußtest, warum warst Du ein solcher Narr."

„Ist mir auch sauer geworden, Bruder! Aber wenn mir nur Einer von den Kopfhängern in die Hände fällt; ich räche mich bestimmt auf eclatante Weise!"

— „Was hilft das, „entgegnete ich lächelnd, „das Versäumte läßt sich im Grunde nicht ganz nachholen. Es ist nur Jammerschade, daß Du die Schnudel nicht bewogen hast, unter die Frommen zu gehen."

„Nein; nicht meinem Todfeind vergönne ich diese Schule der Thorheit. Aber Auguste macht mir Freude, und ich lebe so zu sagen mit darin. Wie glücklich ist sie, daß sie sich wieder putzen, in's Theater und Conzert gehen darf. Wir leben, wie die Kinder. — Ich habe bei Gelegenheit meiner Affaire eine Aehnliche, nur etwas Tragischere in Erfahrung

gebracht, die gleichfalls in diesem Conventikel spielte.
Einer schönen, talentvollen und unbescholtenen Schauspielerin stellte ein Gardeoffizier nach. Alle seine An-
träge und Bewerbungen blieben erfolglos, obgleich
ihm das Mädchen geneigt war. Da erfuhr er, daß
sie Mitglied des Bet- und Bußvereins sei. Stracks
ließ er sich aufnehmen und — Dank den frommen
Vätern! bereits in vier Wochen hatte er das Mädchen verführt. Natürlich war ein Eheversprechen der
Preis. Nachdem der Lieutenant aber seinen Zweck
erreicht, war von einer Verbindung keine Rede mehr;
denn der Herr Offizier besaß zwar sein Portepée und
seinen alten Adel; aber kein Vermögen. Das Mädchen war namenlos unglücklich; hier und dort betrogen, verzweifelte sie an der Menschheit. Sie verließ
das Theater und ging, da sie katholisch war, in's
Kloster. — Ist es nicht schändlich, — mit der
Frömmigkeit, mit der Religion solch' nichtswürdiges
Gaukelspiel zu treiben?! Daß aber hier der Staat
nicht einschreitet?"

— „Unterdrücke die Fanatiker und Du erziehst
Märtyrer aus ihnen. Märtyrer aber sind Schnee-
ballen auf der Spitze des Gletschers. Beim Herab-
rollen werden sie zu Lawinen. Laß die Leute eine
Zeit lang ihr Wesen treiben; am gesunden Sinne
des Volkes scheitert endlich ihr Unwesen und sie sinken

in die verdiente Verachtung zurück. — Doch es ist
Zeit aufzubrechen. Auguste wird Dich zu Tische erwarten."

„Willst Du mit?"

— „Heut nicht — ich bin schon versagt. Aber
morgen meinetwegen."

„Gut, Du kommst. Auguste wird sich freuen.
Es hat sie tief geschmerzt, daß ich auch mit Dir gebrochen oder daß vielmehr meine Narrheit Dich von
mir getrieben hat. Sie muß sich überzeugen, daß
zwischen uns Alles wieder ausgeglichen ist."

— Wir trennten uns. Ich besuchte in der That
den wiedergewonnenen und geheilten Freund, wie ich
es versprochen. Wir verlebten einen köstlichen Mittag voll Scherz und Fröhlichkeit, wozu Eduard, der
mir in der That radical geheilt zu sein schien, nicht
wenig dadurch beitrug, daß er sich unaufgefordert
ironisirte. Die Zärtlichkeit beider Ehegatten war eine
herzliche; unverstellt es war, als hätten sie Monate
lang geschmollt und sich jetzt versöhnt wieder gefunden.
Sie waren einander nun theuerer geworden. Auguste
blühte zudem, wie eine Rose und es kostete auch dem
sinnlichen Eduard keine große Selbstüberwindung, sie
zu lieben. — Auch die alte Frau von Stinte schwebte
im siebenten Himmel. Neumann erwies ihr Aufmerksamkeit über Aufmerksamkeit. Sie gerirte sich

dafür bei Tische als eine wahrhafte Hausmutter und sorgte für unsere Magen mit einer Emsigkeit, die an's Poetische streifte. —

11.

Edgar war allein auf seinem Schlosse mit Schreiben beschäftigt; da brachte der Aufwärter aus dem Gasthofe ein Billet und meldete zugleich, der junge vornehme Herr, welcher es sende, sei mit einem Postzuge angekommen und in der goldenen Kanne abgestiegen. Er hätte drei Diener bei sich, darunter einen Mohren.

Edgar entfaltete das Billet: es enthielt in verstellten Schriftzügen nur folgende Zeilen: „Ein Freund von Ehemals wünscht Sie zu sprechen. Er hat Gründe, Sie nicht auf dem Schlosse zu besuchen und bittet Sie daher, sich zu ihm zu bemühen. Ihr edles Herz gewährt gewiß diese Gunstbezeigung einem Unglücklichen."

Eduard erhob sich, er rieth auf den Baron Schneck und sah einer peinlichen Scene des Wiedersehens entgegen. Wie aber mochte Schneck vom Chausseegeld-Einnehmer wieder zum Reichthum gelangt sein? Doch das Glück ist ja wandelbar, dachte er — und machte sich auf den Weg.

Er trat in das bezeichnete Zimmer, der junge

Fremde lehnte im Fenster, das Gesicht gegen die Thüre gewendet, so daß der Schatten im ersten Augenblicke seine Züge nicht erkennen ließ.

„Sie haben gewünscht", sagte Edgar und trat einen Schritt vor. Ein unterdrückter Schrei und der Fremde trat ihm entgegen.

„Bianca!" rief Edgar und erbleichte; sie reichte ihm die zitternde Hand, sie senkte das erglühte Antlitz, über das die Rabenlocken herniederrollten und lispelte: „Ja, Bianca."

Er mußte sie unterstützen — sie drohte zu sinken; er geleitete sie zum Sopha.

„Bianca, Sie hier?" fragte er, noch immer von der plötzlichen Ueberraschung erschüttert.

„Ich weiß", sagte sie, und bedeckte mit den Händen das Angesicht, auf welchem sich sofort wieder Todtenblässe gelagert, „ich komme zu spät. Sie sehen in mir die Wittwe des Grafen d'Estrada und die verwaiste Tochter des Grafen Villaflores, die Erbin ungeheurer Reichthümer und doch eine Bettlerin!"

— „Was wollen, was verlangen Sie, Bianca? Sie wissen, daß ich — Sie werden doch nicht zerstörend, vernichtend einschreiten in mein Lebensglück?"

„Nein, nein, mein Freund!" versetzte sie und glitt zu seinen Füßen nieder und verbarg ihr Antlitz in seinem Schooße. „Ich habe nur gehofft und

selbst die Sterbenden dürfen ja hoffen. Es ist zu
spät, das sehe ich ein. Aber der trügerische Wunsch,
das glühende Verlangen ließ mich glauben, daß wir
Beide wohl noch vergessen könnten. Zürnen Sie mir
nicht, ich bin ein Kind geworden. Diese Enttäuschung
ist meine herbste Strafe. Glauben Sie, daß Bianca
sich etwas vergibt, bevor sie mit sich gerungen, bevor
sie einen gewaltigen Kampf überstanden? Aber ich
baute mir in meiner Phantasie auf den Trümmern
meines halben Lebens ein Paradies auf und der Blick
in dasselbe war zu verlockend, als daß ich hätte wider-
stehen können. Der süße Traum hat gelogen; ich
leere auch noch diesen bittern Kelch. Edgar, Sie
sehen, daß die stolze Bianca entsagen gelernt hat.
Ich kann Alles dulden, nur nicht Ihre Gleichgiltigkeit,
ihre Geringschätzung."

„Meine Bianca," sagte er sanft und streichelte
ihre Locken, „Ihr Bild lebt ewig in meinem Herzen
fort, enthöhnt, gereint, mild, friedlich und versöhnend. —
Und doch muß ich Ihnen gestehen, daß ihre Erscheinung gerade jetzt, wo ich für ewig einem Engel der
Unschuld angehören soll, mich zittern gemacht hat.
Es ist mir, als trete meine dämonische Vergangenheit neu geboren in mein Dasein!"

Sie erhob das bleiche Antlitz zu ihm, ihre Augen
waren mit Thränen erfüllt. „Daß ihr Männer,".

sprach sie mit einem Anflug von Bitterkeit, „doch nie im Herzen vergeben könnt; spricht es auch noch so offen der Mund aus. — Fürchten Sie nichts Edgar! Bianca ist ruhig, ist besonnen geworden. Wem selbst das Herz gebrochen, der bricht kein Anderes. Wozu, wenn mein Kranz verwelkt ist, den blühenden von einem glücklichen Haupte reißen. — Bianca's Herz war nie böse. — Mein Entschluß ist gefaßt. Dem Leben gehöre ich nicht mehr. Nur Ihre Hand hätte mich demselben wieder gewonnen."

— „Und wenn es so geworden wäre, Bianca! glauben Sie, daß uns das Glück, das doch allein den Seelenfrieden gewährt, gelächelt hätte? Den Wurm im Innern, — nicht Glück, nicht Lust, nicht aller Glanz der Erde hätte ihn einzuschläfern vermocht!"

„O vielleicht doch," versetzte sie zweifelnd; „wir kennen wohl unsere Vergangenheit, doch die Zukunft nicht. Ein frischer Regen, des Frühlings warmer Sonnenschein und die Brandstatt überzieht grüner Rasen, aus welchem bunte Blumen emporschießen."

— „Und darunter der Moder," seufzte er.

„Der ist all überall unter der Erdoberfläche. Und doch lieben wir die Blumen, die ihm entsprießen. Doch lassen wir das, Edgar! Verloren ist verloren. Ich bin nicht gekommen zu rauben, weil ich selbst eine Bettlerin bin; — noch habe ich die Kraft, auch

diesen letzten Verlust zu ertragen. — Ich gehe in's
Kloster; vergrabe dort meine Schmach, meine schrecklichen Erinnerungen und meine schönen Träume."

„Bianca! thun Sie das nicht," bat Edgar, „Sie
sind noch so schön, so jung; das ganze Leben weht
Ihnen noch so rosig entgegen. O! Sie werden
vergessen."

„Sie sagten, Sie könnten nicht vergessen; wie
kann ich es, ich das Weib? Verzeihen kann ich wohl;
doch nicht vergessen. Ihr harten Männer vermögt
Beides nicht. Es ist beschlossen! Giebt es auf Erden
für mich einen Frieden, so find' ich ihn nur dort.
Daß ich ihn erst sicher da unten finde bei den Todten, das weiß ich, aber noch ist es zu früh — ich
vermag das junge Leben nicht in die kalte Erde
zu betten. Noch fehlt es mir zur Stunde an
Muth dazu."

„Möge er Ihnen nie zu Theil werden, sondern der
Lebensmuth und ein heller, hoffnungsfreudiger Blick
in die Zukunft."

„Nein, nein," entgegnete sie so kopfschüttelnd,
„glauben Sie das nie und nimmermehr. Ich
fühle es zu tief, daß Alles unwiderbringlich verloren
ist. Nur eine Rettung gab es und diese ist nun
auch für ewig geschwunden. — Als Sie mich damals in Nizza so kalt und grausam verstießen, gab

ich im Schmerz des gekränkten Stolzes, der tiefsten
Demüthigung dem Grafen d'Estrada meine Hand, ohne
Neigung, ohne Liebe. Der Tod löste bald diese
Fessel, doch zuvor mußte noch um meinetwillen ein
Menschenleben verbluten. Ferrochin!

„Wie Ferrochin?" rief Edgar bestürzt.

Ich lebte mit meinem Gatten bis zu seinem Ende
in Lissabon. Ferrochin war im Bureau der französischen Gesandtschaft. An einem öffentlichen Orte berühmte er sich meiner Bekanntschaft, schändete meine
Ehre, die in Lissabon unbescholten war, indem er
mein Verhältniß zu Schneck und die Scenen von
Wiesbaden Preis gab. Es war dies unbesonnen, er
dachte nicht an meine hohe Stellung in der dortigen
Welt. Der Haushofmeister meines Gatten, ein Neger,
war Ohrenzeuge seiner Bravade. Er wollte den
Schimpf seines Herrn, er gedachte den Meinigen zu
rächen, und erdolchte den Schwätzer Nachts auf
offener Straße, ohne mein, ohne meines Gemahls
Vorwissen. Erst später legte er mir sein Geständniß
darüber ab. Er befindet sich noch jetzt in meinem
Gefolge."

„Gott!" rief Edgar, „den Menschen mit seinen
blutbespritzten Händen können Sie noch in Ihrer
Nähe dulden."

„Warum nicht?" entgegnete sie kalt; „der Treue

hat so viel für meine Scheinehre gethan, was würde er für meine mackellose Ehre gewagt haben!" Wodurch hatte ich diesen Schimpf, diese Verhöhnung Fetrochins verschuldet, wodurch mein Gatte diese Schmach, er, dem meine Vergangenheit fremd war, verdient? Die Gräfin d'Estrada war eine Andere geworden, als jene Bianca von Wiesbaden. Das hatte er außer Acht gelassen. Er hat so zugleich seine Sünden Ihnen gebüßt, wie ich sie gebüßt habe. Ohne unser beiderseitig gewagtes Spiel ging Angeline nicht in den Tod."

„Aber," seufzte Edgar bei der Erinnerung an die unglückliche Angeline, „mit der Entfernung des Negers vertilgen, schwächen Sie eine grauenhafte Erinnerung."

— „Diese ist nicht die grauenhafteste, und sie würde doch bleiben. Jede Treue aber, ob gut, ob schlimm angewandt, kann auf meine ewige Dankbarkeit rechnen. Und, Edgar! die Hand aufs Herz, als Sie in den Zweikampf gingen, sagte Ihnen da eine innere Stimme, die Ueberzeugung nicht, daß Sie sich für keinen Engel der Unschuld schlagen würden: Und doch gingen Sie in den möglichen Tod. Wenn Sie auch an den Fall der Geliebten glaubten, kein Anderer sollte davon wissen, davon sprechen. Wie, Edgar! war es nicht so? Was hat der Neger Anderes gethan?

In seiner Weise dasselbe. Urtheilen Sie gerecht. — Angeline ward erdrückt von dem Uebermaße Ihrer edelmüthigen Aufopferung und ging in den Tod. Das war wieder die Art ihres Dankes. Hatte sie den Muth, die Kühnheit, zu leben: Sie würden es ihr keinen Dank gewußt haben. So steht die Geschiedene als ein rührendes, entsöhntes Bild vor Ihrer Erinnerung, die Lebende würden Sie als schuldbefleckte Sünderin, als ewig Verlorene in jedem Winkel der Erde zu finden gefürchtet haben. Ist's nicht so, Edgar?"

— „Ja, ja, aber was Ferrochin an Ihnen that, das haben Sie doch auch an Angelinen gethan!"

„Wohl, aus Liebe, aus Eifersucht. Sie kennen dieses Flammenfeuer in der Brust eines verschmähten Weibes nicht! — Jene Angeline durfte in Ihren Augen nicht besser sein als ich. Und war sie besser, weil sie eine gleißnerische Maske trug, als ich, die meine Schuld offen gestand? Wo Sie mich eine Sünderin nannten, sollten Sie nicht zu ihr, als einen Engel beten. — Ich kannte Angeline und ihren Werth; Ihnen, der nicht glauben wollte, mußte ich den Wahn entreißen. Daß es so schrecklich geendet, war nicht meine Schuld. Nicht Leidenschaft, nur Mißgeschick war ihr, wie mein Fall. — Genug — lassen Sie sich meine Jugendgeschichte erzählen. Mein

Vater, war in die savoyische Verschwörung verwickelt,
wenigstens durch dieselbe compromittirt. In einer
Nacht — vielleicht die schrecklichste meines Lebens —
wurde er aus dem Bette gerissen, in Ketten gelegt
und von Gensdarmen umgeben fortgeführt. Wohin —
erfuhr ich erst nach seiner Freilassung. Sein Vermögen wurde confiscirt, ich, fast noch ein Kind, stand
nunmehr allein, hilflos, ohne Mutter und Geschwister.
Verwandte nahmen mich in ihr Haus: doch waren
sie es gerade, die mein Vater in der Zeit seines
Glanzes, mehrfach zurückgesetzt, gekränkt hatte. Er
war mit ihnen in offenen Zwiespalt gerathen. Zudem waren sie arm. — O! welche Masse von De-
müthigungen habe ich da erduldet. — Ich, die schon
als Mädchen von vierzehn Jahren in den ersten Kreisen
geglänzt, ich, die reiche Erbin, um deren Gunst schon
damals die Männer gebuhlt, ich mußte das Gnaden-
brot essen, mußte es dulden, wenn man den Vater,
wenn man meinen Namen beschimpfte! Jeder Druck,
jede Zurücksetzung schnitt tief in meine Seele; Thränen
gewährten mir keine Erleichterung, aber ein starrer
Sinn, eine Eiskälte bemächtigte sich meines Charak-
ters. Ich konnte das größte Unrecht erdulden, ohne
daß meine Wimper zuckte. Menschenhaß erfüllte die
Brust des jungen Mädchens; meine Blüthenzeit ent-
behrte aller Blumen, aber nicht der Dornen. Auf

Eins nur hoffte ich, um Eins betete ich; um den
Tag der Rache. So verging ein schreckliches Jahr.
Endlich mochte ich meinen unfreiwilligen Wohlthätern,
die mehrere Töchter in gleichem Alter mit mir besaßen,
und die ich, ohne es zu wollen, zu verdunkeln schien,
dennoch zur Last fallen. Man steckte mich in eine
Pension zweiten Ranges. Der frühe Lebensernst
hatte mir jede Kindheit geraubt, ja sogar die Em-
pfänglichkeit für den Lebensfrohsinn und der Trieb
der Mittheilung war mir versagt. Auf mich selbst
angewiesen, fand ich nur Trost in den Wissenschaf-
ten. Daher meine Sprachkenntnisse, deren Studium
ich mit dem beharrlichsten Eifer trieb. Ich fand auch
hier eine Hölle. Das Paradies meiner Kindheit lag
ja im himmlischen Glanze vor meiner Erinnerung.
Bis dahin hatte ich nicht gewußt, was Entbehren sei.
Die Zukunft war mir trostlos — keine Nachricht vom
Vater, keine Hoffnung eines Schicksalswechsels. So
verging ein Jahr. Meine Verwandten hatten unterlassen den jährlichen Betrag für mich im Institute
zu bezahlen. Man entließ, oder vielmehr man ver-
stieß mich aus demselben. Ein junger Mann von
vornehmer Herkunft, der bei Gelegenheit einer Wall-
fahrt, die wir Pensinairinnen unternommen, mich
gesehen und meine flüchtige Bekanntschaft gemacht
hatte, bot mir seine Hilfe an, versprach mir seine

Hand — wenn er erst gewisse Familienverhältnisse
beseitigt haben würde. Ohne ihn lieben zu können,
begrüßte ich ihn doch als meinen Retter. Ich fiel
als sein Opfer. O! die Dankbarkeit muß sich oft
selbst Sclavenketten anlegen. — St. D'Arc hatte
mich getäuscht, betrogen. Ich fluchte ihm: das war
Alles, was ich in meiner Ohnmacht vermochte. Er
verließ mich kalt, herzlos, wie das Kind ob eines
neuen Spielzeugs das alte vergißt. Ich wollte mich
rächen. Ein Anderer wurde mein Sclave — ja, ich
kann es sagen: mein Sclave; denn die schreckliche
Enttäuschung hatte mich herrschen, versagen, martern
gelehrt. Und wenn auch Herrscherin — war ich doch
nur Sclavin meines Geschickes. Er schien redlicher,
treuer als St. D'Arc. Vielleicht verletzte ihn meine
Härte, mein starrer, stolzer Sinn. Ich könnte noch
immer meine Herkunft nicht vergessen. Auch er verließ mich. So ging ich, wie es Laune und Geschick
wollten, von Hand zu Hand, bis Sie mich in Wiesbaden an Schneck's Seite fanden. Ich verachtete die
Männer, ich hatte dem ganzen Geschlechte Rache ge-
schworen, und bei Gott, ich habe mich oftmals furchtbar gerächt. Mein gebrochener Himmel ward für
so manchen die Hölle. Ich schwelgte in Wollust,
wenn ich ein Opfer der Leidenschaft zu meinen Füßen
verbluten sah. Nicht Thränen, nicht Seufzer, nicht

ein gestörtes Erdendasein — wenn ich auch an die
Wahrhaftigkeit desselben glauben mochte, — rührte
mich zum Mitleid.... Ich hatte ja zu viel erduldet.
Was ich verloren, vermochte mir keine Liebe wieder
zu bringen. Herrschen wollte ich unbedingt — die
freigewordene Sclavin wurde zur Tyrannin. In
mein Herz zog keine Liebe ein, während die Mienen
lächelten und Beseligung verhießen, bebte die hohe, die
bittre Verachtung in der Brust. Ich habe so manche
Herzensblüte zertreten; aber hat man denn der Meinigen geschont?! Meine Rächeglut wuchs mit jedem
neuen Opfer. — Da sah ich Sie — Sie waren
der erste Mann, den ich achten konnte. Sie glaubten
noch an weibliche Tugend, dann noch, als man den
Schleier von ihren Blicken riß. Für diesen Glauben
gingen sie in den Tod; dieser Glaube schien Ihr
Kleinod, das Sie sich nicht rauben lassen wollten. Ich
bewunderte Sie — Ihren Feuereifer — Ihre Festig-
keit, und ich — liebte Sie! — Ich liebte zum
erstenmale in meinem Leben, liebte wie ein Charakter
meiner Art lieben kann, uneingeschränkt, ewig, mit
einer Heftigkeit und Ausdauer, die nur der Tod
beugt. — Hier haben Sie die Lösung des Räthsels
wenn ich Ihnen noch ein Räthsel geblieben sein sollte."

„Bianca, ich bewundere und bemitleide Sie! Wie
viel des Herrlichen ist durch das Walten eines grau-

samen Geschickes in Ihnen untergegangen! O, Bianca! warum fand ich Sie nicht früher, bevor noch diese schönen Gemüthsblüten nicht versteinerten. Sie waren berufen, den Mann Ihrer Liebe namenlos glücklich zu machen.“

„Wer weiß es“, seufzte sie, „vielleicht war diese herbe Schule des Lebens nöthig zu meiner Läuterung. Ich war ein stolzes, verzogenes Kind, des Glanzes gewohnt, ohne Demuth und Ergebung. Und doch konnte es anders werden, mußte nicht so schrecklich, so vernichtend sich gestalten. Am Abend nach jener furchtbaren Nacht, wo ich Sie dem Tode anheim= gefallen glaubte, wo mein Stolz brach, wo ich mir weinend gestand, daß ich überwunden sei, daß ich Sie liebte, wie ich noch nie geliebt — überraschte mich mein Vater, der nach langem Forschen meine Spur gefunden. Er war freigesprochen und in den Besitz seiner Güter wieder eingesetzt worden. Er ahnte Alles; doch nie kam eine Frage über seine Lippen. Vor allen Dingen mußte ich den Schauplatz meines bisherigen Wandels meiden. Wir zogen nach Savoyen, in Nizza war es, wo ich Sie fand. Nachdem Sie mich für ewig von sich gewiesen, ward ich die Gattin des Grafen d'Estrada. Wir lebten in Lissabon — Alles schien versunken und vergessen. Da weckte mich Fer= rochins Erscheinung wie ein mahnendes Gespenst. —

Im Zeitraume von zwei Monaten verlor ich Vater und Gatten durch den Tod. Die neu beschwingte Hoffnung trieb mich hierher. — Jetzt wissen Sie Alles. Und jetzt leben Sie wohl, für ewig — auf Nimmerwiedersehen!"

Sie erhob sich, strich die Locken aus ihrem Antlitz und zerdrückte die Thräne in den langen Wimpern.

"Hier den letzten Kuß, Edgar", fuhr sie fort und umschlang ihn, "den Abschiedskuß von Einer, die sich dem lebendigen Tode geweiht hat. Ich begehe keinen weitern Raub an Ihrer Braut, und gilt das Gebet einer reuigen Sünderin vor Gottes Throne, so wird der Allmächtige Ihren Bund mit tausend duftigen Blüten kränzen. — Leben Sie wohl!"

"Also unwiderruflich?" seufzte Edgar, und fühlte ihr Herz an seiner Brust schlagen.

"Unwiderruflich", wiederholte sie dumpf, "ich habe oft um den Wahnsinn gefleht, wenn ich so mein verlornes Leben überblickte: er war mir versagt. Nur dort noch, sagt mir eine leise Hoffnung, in den kalten und düstern Mauern kann ich vielleicht einen Theil des Friedens finden; der mich ewig gemieden. Jenseits, jenseits, wenn der Glaube nicht trügt, sehen wir uns wieder, vorwurfsfrei. Dort wird auch Angeline geläutert erscheinen. — Noch eine Bitte, Edgar, gestatten Sie mir Ihre Braut zu sehen!"

„Wozu das, Bianca?" rief Edgar erschreckt und erblassend; „wollen Sie meinen Himmel trüben? — Meine Anna ist nicht so schön, wie Bianca, aber einfach, rein und unschuldvoll, wie die Blume des Feldes. Ich werde glücklich sein."

„Ich habe Ihnen doch gesagt", versetzte sie ernst, „daß eine dunkle, undurchdringliche Scheidewand hinter mir niedersinket. Warum mich so grausam an die Vergangenheit erinnern? Sie haben nichts zu befürchten. Ich wiederhole es Ihnen: wessen Herz selbst gebrochen, der bricht kein Anderes. Ich werde Ihre Braut doch sehen!"

„Und vielleicht sprechen?" flehte Edgar, „ich beschwöre Sie, ehren Sie den Himmelsfrieden des unschuldvollen, glücklichen Mädchens. Lassen Sie uns Beiden den Frieden! Sie darf nichts wissen! Lassen Sie ihr den Wahn, sie sei meine erste und einzige Liebe! Schon Ihre Verkleidung bringt mich in eine falsche Stellung. Soll ich mit einer Lüge in das Brautgemach treten?"

„Besorgen Sie nichts, Edgar! Sie wissen, Bianca ist stark, sie kann sich bewältigen. Nur aus der Ferne werde ich die Glückliche sehen, der das Geschick solch einen reichen Lebenskranz in die Locken gewunden. Ihr Auge soll mich nicht erblicken. — Und nun leben Sie wohl, mein theurer Freund, für ewig, ewig!"

Sie preßte ihre Lippen auf seinen Mund, sie be=
netzte seine Wangen mit glühenden Thränen, er riß
sich weinend los; sie geleitete ihn an die Thüre. Nach=
dem er verschwunden, taumelte sie zum Sopha zurück
und sank laut schluchzend in die Kissen. —

Die seltene Erscheinung eines Negers hatte einen
Theil der Bevölkerung von Weißlinden vor dem
Gasthof versammelt. Auch Anna und Mathilde, Letz=
tere von Crispin geführt, gingen auf dem Marktplatz
auf und ab. — Bianca lauschte hinter den Gardinen.
Als sie die schönen Mädchen in einfacher, doch ge=
wählter Tracht erblickte, durchzuckte sie der Gedanke:
Sie sind es — die beiden Schwestern!

Sie rief die Magd des Hauses und fragte, welche
von den beiden Damen die Braut des Barons sei.

„Die kleinere, blonde", berichtete das Stuben=
mädchen.

Bianca klingelte nach ihrem Diener. Sie nahm
ein großes Brillantkreuz und schrieb auf ein Billet:
„Ein Jugendfreund Ihres Bräutigams widmet Ihnen,
der liebenswürdigen Braut, dieses Angedenken. Leider
ist es ihm jetzt versagt, Ihnen seine Huldigung dar=
zubringen; aber auf seiner spätern Rückkehr wird er
nicht ermangeln, Ihnen seine Verehrung zu bezeigen.
                                        St. Roche."
Sie gab Kreuz und Billet dem Diener, mit dem

Auftrage, es der bezeichneten Dame zu überbringen; dann hüllte sie sich in ihren Mantel und warf sich in den Wagen, dessen Gardinen herabgelassen waren. So verließ sie ungesehen den Ort. In wenigen Secunden war der Wagen aus dem Gesichtskreise der überraschten Anna verschwunden.

Edgar war auf einem Seitenwege in sein Schloß geeilt — und so nicht Zeuge des letzten Auftrittes geworden. Er schloß sich in sein Cabinet; er mußte mit aller Kraft der Seele die gewaltige Aufregung niederkämpfen.

Erst als es Nacht war, schritt er nach dem Pfarr-hof zu. Freudetrunken und tausend Fragen an ihn richtend stürzte ihm Anna entgegen.

„Es ist mein Freund", beschied Edgar, „er eilt an das Sterbelager seines Vaters. Ich hätte Dir ihn vorgestellt, Anna, doch konnte ich Dir keinen Fröhlichen zeigen. Ja, wie er Dir gesagt —'wenn er erst wiederkehrt; dann sollst Du mehr von ihm erfahren."

„Er muß wohl sehr reich sein", sprach Anna und ließ das Kreuz im Scheine der Lichter blitzen; „sieh, wie kostbar er mich beschenkt. Du freust Dich auch nicht einmal darüber!"

„Ist's doch in der Ordnung", versetzte bitter lä-chelnd Edgar, „daß Euch Weibern der Flittertand

größre Freude bereitet, als uns, die wir keinen Sinn
für dergleichen haben. Wer weiß, wie viele Thränen
armer Neger an diesen Steinen haften. Doch meine
Geliebte! ich will Dir den Besitz Deines Schatzes
nicht verkümmern; es war nicht nöthig, daß mir Leon
mit dem Brautgeschenke zuvorgekommen ist. — Doch
hat er's gewiß gut gemeint. Ich erzähle Dir ein
andermal von seinen Lebensschicksalen; ich kannte ihn,
da er noch Kind war."

— „Aber Du scheinst so verdüstert, Edgar",
schmeichelte Anna; „hat es dies plötzliche Wiedersehen
gemacht."

„Gewiß," entgegnete er; „er eilt an das Lager
eines Sterbenden und erinnert mich so lebhaft an
meinen edlen Großvater, an meine damalige Reise,
an sein letztes, herzliches Wort, das mich an sein
Krankenlager rief, und an noch manche düstre Stunde
meines früheren Lebens. — Doch, Anna! es wird
vorübergehen; an Deiner treuen Brust vergeß' ich
Alles."

— Der Superintendent kam aus seiner Studir=
stube, auch Crispin und Mathilde erschienen, man
setzte sich zu Tische und vollbrachte den Abend in
trauter Geselligkeit; nur Edgar, so sehr er sich auch
mühte, konnte den düstern Eindruck, den Bianca's

plötzliches Erscheinen hervorgebracht, nicht gänzlich niederkämpfen.

Der Herbst war gekommen. Es war diesmal ein schöner Herbst, der entschädigte uns für einen rauhen Sommermonat, während dessen es fast beständig regnete und häufig auch hagelte. Nur an den kurzen Tagen merkte man es, daß es nicht Frühling, nicht Mai sondern September sei. Die Sonne war wohlthätig wie im Lenz; der Himmel ewig klar, die Luft mild und erfrischend. Von den Bäumen fielen die Früchte, über die Stoppeln strich der Wind, die Vögel zogen in Schaaren dem Süden zu, einzelne Waldbäume färbten sich schon gelb; Morgens und Abends zogen silberne Nebel über Flur und Wald und Strom und senkten sich als blitzender Thau auf Gräser und Blätter. Man sah daß des Jahres Abend gekommen war. Und doch, wie schön war die Natur in ihrer herbstlichen Pracht. — Es war als habe sie, bevor sie noch in's Grab des Winterschlafes sinkt, allen Schmuck angethan um das Menschenauge vor dem Abschied zu entzücken und sein Gemüth zu erfreuen. —

Ich ging mit meinem Freund, dem Baron, häufig

auf die Jagd und den Vogelfang — wenn auch
meistens nur als Zuschauer. Mir that es immer
weh, wenn ich so ein schlankes Reh oder einen ge=
ängstigten Hasen tödten sah. Der Fischfang war mir
lieber; denn wenn ich so einen Bewohner der kühlen
Tiefe, einen bösen, räuberischen Hecht etwa, fing; so
war doch ich es nicht, der ihm den Tod gab. — Am
linken Stromesufer, weiter hinab, gab es schöne Reb=
hügel. Da feierten wir, die durch Liebe Verbundenen
drei Tage hindurch das Winzerfest. Wie war das
idyllisch schön; als Tag und Nacht die Pöller und
Flinten knallten, die Gesänge erschallten und alles so
froh, so freudig und so dankerfüllt durch den reichen
Gottessegen in der goldenen Traube. — Solche
Herrlichkeiten hat keine Residenz aufzuweisen! —

— Eines Abend, wo der fremde junge Baron,
den wir allesammt nicht gesehen, bis auf Edgar, der
ihn im Gasthofe besuchte, mit dem Mohren gekommen
war und so räthselhaft und schnell wieder fortreiste,
war mein Freund sichtbar verstimmt. Er sagte mir
auf dem Heimwege, ich möchte ihn doch in das
Schloß begleiten und ihm ein paar Stunden Gesell=
schaft leisten. Es drängte ihn nach Mittheilung. —
. Wir saßen bei der dampfenden Theemaschine;
mein brüderlicher Freund erzählte, vertraute mir Alles,
er rollte sein ganzes Leben vor mir auf; wie er

getäuscht und betrogen worden, wie man ihm seinen
Himmel gestohlen, wie er Angeline und Bianca gleich
heiß geliebt und wie doch Beide für ihn verloren
gegangen. Jetzt hoffte er in Anna's, der lieben guten
Anna, Besitze seinen Frieden wieder zu finden und
das abgewelkte Lebensglück neu erblühen zu sehen. —
Des Freundes düstre Schilderung rührte mich zu
Thränen. Zwar hatte ich auch meinen bittern Kelch
getrunken; ich durfte nur der Enttäuschung durch
Lottchen und Amalie gedenken und des Schreckens,
welchen mir die Neri verursacht; aber so tragisch, wie
bei Edgar, hatte das Schicksal nicht in meine Laufbahn eingegriffen, und Edgar war noch so jung und
hatte schon so vieles Bittre erfahren, hatte an der
Pforte des Todes gestanden. Er war so gut und
die Verhältnisse griffen doch mit rauhen Händen so
verletzend an sein Herz. Dies Alles hätte ich Muth-
loser nicht überbauert. Wie dankte ich meinem Gott,
daß er mich aus den Banden der großen Welt befreit
und in den friedlichen Hafen des Still-Lebens zurück-
gesendet. — Hier auch nur konnte meine Kunst gott-
gefällig gedeihen, konnte eine reine, keusche Jungfrau
bleiben; dort wäre sie eine Bacchantin geworden. —
Und was aus mir? Ich wäre wohl untergegangen!
Wo hatte ich die Kraft und das Geschick mich aus
diesen und andern möglichen Conflicten herauszuwinden!

Scheiterte doch der hochgebildete und vielerfahrene
Edgar auf diesem sturmbewegten Meere. — Ich pries
meine Hütte im Thale und verlangte nicht nach der,
wenn auch schönen, doch schwindlichen Höhe. —

Ich tröstete meinen Freund, so gut ich's vermochte.
Es schien ihm wohl zu thun, da ich Anna — und
nach Verdienst — mit Lobsprüchen überhäufte. Er
liebte sie innig und ich glaubte es, wie er hoffte, daß
er an ihrem treuen Herzen Alles vergessen würde. —

Natürlich mußte ihr Alles, was er erlebt, vor
der Hand ein Geheimniß bleiben. Was würde sie
gedacht haben, wenn sie erfahren hätte, daß der junge
Freund Edgars, welcher ihr den Brillantschmuck geschenkt, ein Mädchen und noch dazu gewissermaßen
seine frühere Geliebte war.

Ich sah es ein: man muß zwar aufrichtig gegen
die Frauenzimmer sein; Alles dürfen sie aber doch
nicht wissen, weil sie sich nicht immer auf unsern
Standpunct zu versetzen vermögen.

Hatte ich doch auch nicht den Muth Mathilden
von meinen Verhältnissen zu Malchen und der Neri
zu erzählen; obgleich ich ganz unschuldig in diese
Verwirrung gerathen war. Ich verschwieg dies nicht
aus Falschheit, sondern nur, um dem guten Kinde
keine Grillen zu machen. — Mein Herz gehörte ihr
doch einzig und allein, es hatte nichts mehr mit der

Vergangenheit zu schaffen; wozu ihr einen düstern Rückblick in diese zu öffnen, da ja die Zukunft blütenreich vor ihr lag. —

So saß ich denn traulich wohl bis zwei Uhr bei meinem Freunde und ward der Vertraute seines Geheimnisses. Er schien erleichtert, nachdem er die schwere Bürde von seiner Seele gewälzt, nachdem er sich einem theilnehmenden Herzen anvertraut. Dann schied ich mit Händedruck und den Worten: „Es wird Alles gut werden!"

„Ja!" rief er erhaben, „ich fühle es. Es wird noch Alles gut werden. Dies war der letzte Sturm. Versenken wir die Bilder in den Lethe. — Gute Nacht!"

„Und von nun an stets einen leuchtenden Morgen!" entgegnete ich und schied. —

— Ich habe zu berichten vergessen, daß ich in der That, wie es der Superintendent prophezeit; die Kirchenmusik zum Erntefest dirigirt und daß ein von mir componirtes Gloria allgemeinen Beifall erworben hat. Der alte geistliche Herr war ordentlich stolz auf mich geworden; denn wir hatten bei dieser Veranlassung zahlreichen vornehmen Besuch aus der Nachbarschaft: Edelleute, Gutsbesitzer, Beamte und Militairs. Darunter befanden sich auch Kenner, die meine Arbeit zu beurtheilen wußten. Mathilde gewann mich

nach jeder gelungenen Arbeit immer lieber und ich
blieb der Zärtlichen darin nichts schuldig. Wir sym=
pathifirten ja so herrlich mit einander darin, da auch
sie die himmlische Tonkunst über Alles liebte. —

Ich war während der Wintermonate mehrmals
in Bordorf um meine dortigen Verpflichtungen nicht
zu verabsäumen. Einmal begleitete mich auch Ma=
thilde und ihre Schwester in des Barons Equipage
dahin. Wir mußten doch eine Wohnung miethen
und sehen, wie wir uns im Ehestande einrichten
würden. Ei, wie machten die Bordorfer große Augen,
als ich ihnen so plötzlich, wie hergeschneit, eine Braut
von auswärts brachte! Ich glaube, sie sahen mich
gar nicht mehr so freundlich an, die Mütter namentlich,
wie das erste Mal, wo ich noch als brauchbarer Ehe=
standscandidat erschienen war. Der Herr Bürger=
meister sagte scherzend: „Ei, ei! Sie sind den Bor=
dorfer Schönen untreu geworden;" der Herr Kreis=
director dagegen belobte im Vertrauen meine Wahl
und sagte: „Es gereicht Ihnen schon zur Ehre, daß
Sie des braven, liebenswürdigen Herrn von Schöneck
Schwager werden."

Eins machte mir besonders Freude: daß nemlich
die Bordorfer an meiner Mathilde nichts herum zu
mäckeln hatten. Sie mußten sämmtlich gestehen, daß
sie schön, geistreich, gebildet, liebenswürdig und der

scheiben sei. Wie sollte ich das herrliche Mädchen
nicht lieben?! Wollten auch Einige eines andern
Glaubens sein, so ließen sie dies doch nicht laut
werden.

Zu Neujahr schrieb mir Wastel und meldete mir
seine Verheirathung mit Amalie Hemmerling.
Der närrische Mensch bat mich förmlich deshalb um
Verzeihung, er dachte, ich könnte eifersüchtig sein,
mich noch anders besinnen und zurückkehren wollen.
Diesen Wahn mußte ich ihm benehmen und setzte
ihn daher von meiner bevorstehenden Heirath sogleich
in Kenntniß. — Amaliens Kind war gestorben; es
hatte für das Seinige gegolten, man hatte nämlich
eine frühere Liebschaft zwischen Beiden fingirt und
die Ehe schob vollends alles Vergangene in den Hin=
tergrund und überantwortete es der Vergessenheit. —
Da war ich denn wieder eine Sorge los und durfte
nicht befürchten, Malchen irgendwo im Leben als
Mädchen zu begegnen, wohl gar mit Ansprüchen auf
unser früheres, trauliches Verhältniß. — Vor allen
Dingen war mir daran gelegen, die Residenz und
meine dortigen Erlebnisse zu vergessen. In Boxdorf,
wo ich freilich allein auf den Umgang meiner Ma=
thilde angewiesen war, mußte ich mich — das sah
ich voraus — ziemlich einsam fühlen. Aber die dor=
tige Anstellung war einmal eine Lebensbedingung

15*

ihr nur hatte ich Mathildens Besitz zu verdanken
und Mathilde war im Grunde doch meine Welt und
zauberte mir Boxdorf durch ihre Gegenwart in die
schönste Welt um. Daß ich dort nicht mehr so geliebt
sein würde, wie ehedem, weil ich eine Fremde, und
wie sie sagten, eine Ausländerin — denn die Box=
dorfer sind gewissermaßen eine Nation — geheirathet,
das sah ich voraus. Aber es mußte ertragen werden!
Und eigentlich war mir Boxdorf noch immer lieber
als die Residenz. Mein Gott! Mathilde, diese zarte,
keusche Blume in der Hauptstadt? Ach! in einem
halben Jahre wäre ja unser Blütenstaub all' abge=
flogen. Zwar stand ich nach meinem Pensionsdecret
immer noch zur Disposition; aber man machte keine
Miene, mich zurückzurufen. Ich bezog meinen Gehalt
und erfuhr nebenbei, daß Madame Neri wieder zurück=
gekehrt, bei ihrem ersten Erscheinen vom Publikum
ausgepocht und ausgepfiffen, nach einer Erklärung
vor dem Vorhang und etlichen vergossenen Thränen
aber wieder zu Gnaden und in gesteigerter Gunst
aufgenommen worden sei.

Das Theaterpublikum einer Residenz in Masse,
ist wahrhaftig nur ein großer Narr. Es glaubt jeder
Lüge und richtet bald nach der Anklage des Klägers,
bald aus Sympathie für den Beklagten. Es hört
nur immer eine Partei. Es ist eben so rasch und

bereitwillig zu kränken, wie wohlzuthun. Wer
gut heucheln und schmeicheln kann, wer den Dulder
und Unterdrückten spielt, hat immer auf seine Theil=
nahme zu rechnen. Man zwingt dadurch die darstellenden
Künstler zu Jesuitenstreichen. Dadurch müssen sie
cabalisiren und zu Lügnern werden. Das Publikum
sieht hinter die Coulissen, oft nur mit einem trüben,
einem Viertelblick, und richtet dann ohne Umstände
über das, was vor den Coulissen, was außer dem
Theater sich ereignet hat. Freilich schmeichelt auf
einer Seite wieder die Wichtigkeit, die man einer
theatralischen Persönlichkeit erweist. Sie ist ein öffent=
licher Charakter; Parteien bilden sich für und gegen
sie; aber wozu sind denn die Lampen; bedeuten diese
nicht einen geschlossenen Raum? Muß ich denn wissen,
daß Sperling, der heut den Posa so meisterhaft dar=
gestellt, jeden Tag zwei Loth Tabak schnupft und
gestern in böser Laune sein Dienstmädchen geohrfeigt
hat?! Laßt mir den Posa und dem Dienstmädchen
die Ohrfeigen! —

Nun — ich verstehe das vielleicht nicht ganz —
es ist nur meine kurze Erfahrung, die hier spricht.
Wenn der Intendant, der so eine Art Halbgott ist,
diese Elemente nicht gewältigen kann, wie soll ich
Befangener meinen Rath dazu geben. — Ich denke
nur, diese Künstler sollten nur in der Kunst für die

Oeffentlichkeit sein — im Leben aber nicht. Sie müßten da eine Art Klosterleben führen und aus diesem nur heraustreten, wenn sie im Interesse der Kunst repräsentiren. Hat man sie erst als Umgangs- und Unterhaltungsmenschen, so wischt sich der Farbenstaub von ihren Flügeln und jeder Philister sagt dann: „Er ist doch nichts Besonderes; er ist gerade so wie ich, er raucht auch Tabak und spielt Ecartée."

Wie man übrigens von den Künstlerinnen noch verlangt, daß sie Hausfrauen sein sollen: das begreife ich nicht. — Haus und Oeffentlichkeit? Die römischen Vestalinnen waren gewissermaßen eine Art Nonnen und erschienen demungeachtet im Forum. Aber sie gebaren keine Kinder, sie hatten keine zu erziehen, sie besorgten nicht Küche und Wäsche. —

— Ich habe nunmehr heute genug des wirren Zeuges meinem Tagebuch anvertraut und will daher schließen, bis ich wieder etwas Wichtiges erlebe.

Daß mich das öffentliche Auspochen den schönen Neri betrübt hat, muß ich nebenbei noch gestehen. Warum pochte man den Prinzen Erich nicht aus? — Um des Himmelswillen — wie konnte ich so etwas Respectwidriges nur denken. Er ist ja der Bruder unsers allergnädigsten Landesherren. Ich will den Satz ausstreichen. — Aber, er hat doch mehr Schuld als sie. Warum soll sie, wie sie einmal ist, ihre Liebe

nicht auch einem Andern zuwenden? Die Liebe fragt
nicht nach der Herkunft. Ich glaube, Mathilde würde
mich nie einem Grafen vorziehen und Anna war lange
Zeit nur deshalb so todtbetrübt, weil sie glaubte, der
Baron würde sie nicht, er würde durchaus nur ein
abliges Fräulein heirathen. Sie gestand es mir später,
daß es damals ihr sehnlichster Wunsch gewesen sei,
eine Grafentochter zu sein, nur aus Liebe zu Edgar,
und das war im Grunde ein sündhafter Wunsch;
denn der alte Herr Superintendent war in Allem,
Allem ihr bester, würdigster, ehrenhaftester Vater. Aber
wenn man verliebt ist, so laufen manchmal solche tolle
Wünsche unter. Als es noch nicht entschieden war, ob ich
die Organistenstelle bekommen würde, wünschte ich mir
nichts sehnlicher als schnöden Reichthum, um dadurch
bei meiner Bewerbung den Superintendenten imponiren
zu können. Und doch sah dieser mehr auf das Herz,
als auf das Geld. Und Mathilde vollends; sie hätte
mich genommen, wenn ich auch nur zweihundert
Thaler jährlichen Gehaltes besessen, und hätte Noth
und Entbehrung lachenden Mundes mit mir getheilt. —
So war es aber vor der Hand freilich besser. —

12.

Ich war wieder in Berlin. Als ich meinen Gasthof verließ und über den Gensdarmen=Markt ging, begegnete mir, wie herbeigezaubert, Frau von Schnudel.

„Willkommen, willkommen," rief sie und breitete die Arme aus; „ich bin heute mit dem rechten Fuße aufgestanden; da sagte ich gleich zu meiner Christine: Gib acht! heute wird mir etwas Angenehmes begegnen. Und da sind Sie ja, lieber, theurer Freund! Nun herzlich willkommen! Sie wissen vielleicht schon, daß ich gänzlich nach Berlin gezogen bin. In den Salons von Treuenbrietzen ging es mir doch etwas zu kleinstäd= tisch zu. Unser eins, das wissen Sie, verlangt nach einer höhern Conversation; die befriedigt allein und die findet man nur in der Residenz, obgleich diese auch ihre Gebrechen hat."

„Sie hatten recht, gnädige Frau," versetzte ich, „Treuenbrietzen mit Berlin zu vertauschen. Ihre Gegenwart ist ein Gewinn für die Hauptstadt; freilich ein Verlust für Treuenbrietzen; aber wer kann und mag sich gerne aufopfern?"

„Das ist wahr, Verehrter, Sie sprechen aus meiner Seele," fuhr sie fort und reichte mir den Arm.

Sie ging unter die Linden; ich mußte ihr daher das Geleite geben. „Wissen Sie schon, daß die Neumann mit Zwillingen niedergekommen ist?"

„In der That, mein Gastwirth sprach davon."

— „Nun, Sie wissen aber auch Alles! Kaum haben Sie die Nase in die Stadt hereingesteckt, so schnappen Sie mir jede Ueberraschung weg. Sie können sich die Freude vorstellen, die das Ereigniß im Hause hervorgebracht hat. Nun ich bin fast jeden Tag dort und stehe mit der Familie auf dem besten Fuße. Es hat dies die junge Frau gar nicht mitgenommen; sie ist beinahe noch hübscher geworden. Ihm natürlich hängt der Himmel voller Geigen und die Alte hat sich fast verjüngt und das fatale Französisch aus purer Glückseligkeit beinahe gänzlich vergessen. Sie parlirt ganz gesund deutsch. Die Basler ist auch in die Wochen gekommen, wie man mir geschrieben hat. Sie hat eine sehr schwere Entbindung gehabt und wäre beinahe drauf gegangen. Es hat sie sehr mitgenommen; mit der Schönheit ist's vielleicht für immer aus. Ja, ja, sie hat zu früh geheirathet. Aber daran sind die Mütter Schuld; die können ihre Töchter nicht jung genug unter die Hauben bringen. — Was ich Ihnen sagen wollte — nun Sie werden's auch selbst erfahren: der Neumann hat einen fatalen Verdruß gehabt, hat ihn eigentlich noch. Er geht

nemlich in der Freude über die glückliche Entbindung
seiner Frau, mit einigen Freunden zu Timm. Da
trinken sie vermuthlich scharf und auf dem Heimwege,
als es schon etwas dämmerte, begegnete er in der
Lindenstraße einem der Vorsteher des frommen Clubbs,
worin er war; da mußte ihm wieder der alte Splehn
in den Kopf gekommen sein und er prügelte mir
nichts, dir nichts, den alten frommen Herren mit
seinem Bambusstocke tüchtig durch. Es geschah ein
förmlicher Auflauf und der Geschlagene hatte Zeugen.
Der Neumann rief immer, er wollte ihm nur den
Heiland austreiben. So wollen die Leute verstanden
haben. Daß man Jemandem den Teufel austreibt,
hab' ich schon gehört, aber — den Heiland: das be=
greife ich nicht. Ich hab' noch nicht erfahren können,
weshalb er sich in diese Streiterei eingelassen hat;
aber ich werde schon dahinter kommen: — Er ist
noch immer der ehemalige exaltirte Mensch, obgleich
er sich in einigen Dingen zu seinem Vortheil geän=
dert hat. — Nun die Frömmigkeit, das Mucken,
hab' ich ihm ausgeredet, das kann ich mir zum
Ruhme nachsagen; auch mit der Alten habe ich ihn
ausgesöhnt. Er steht mit ihr auf dem besten Fuße:
es war ein gutes Werk, ich spreche nicht davon.
Sie bleibt doch immer seine Schwiegermutter. Und

jetzt hat er vollends Kinder, das zieht ihn mehr an die Familie. Sie besuchen doch Neumann?"

„Noch heut'," versetzte ich, „ich bin eben auf dem Wege dahin; da Sie mich so gut unterrichtet haben, kann ich gleich meine Gratulation anbringen."

„Ja ja, thun Sie das, Verehrtester! und sagen Sie nur, daß sie die Nachricht von der himmlischen Bescheerung zuerst durch mich erfahren haben. Die Leute! sollen sehen, daß ich mich für sie interessire. Sie wissen vielleicht nicht, welches Attachement Neumann's für Sie hegen; vollends die Frau kann ihres Lobes nicht satt werden. Sie grämt sich fast, wenn Sie, wie das Ihre Manier ist, sans adieu so plötzlich wie der Blitz verschwinden. Aber dafür sind Sie auch wieder mit einem Handumdrehen wie der Blitz wieder da — Sie Zugvogel! — Wollen Sie denn gar nicht heirathen?"

— „Vor der Hand noch nicht; ich habe noch nicht gefunden, was ich suche."

„Ei, Sie loser, unbeständiger Flattergeist: Sie wollen nur nicht finden und in dem Courmachen vergehen die besten, schönsten Jahre. Gehen Sie in sich, so lange es noch Zeit hat und vertrauen Sie sich mir. Ich habe Connaissancen; ich kann Ihnen die brillantesten Partien nachweisen. Nur keine ganz Junge dürfen Sie nehmen; sondern eine, die die Kinder-

schuhe schon etwas weit hinter sich hat, die vernünftig
ist und nachdenken gelernt hat. Wer hätte es ge=
glaubt, daß der Neumann mit der Stinte so glücklich
leben würde? Mir schwante es zwar; aber Niemand
schenkte mir Glauben." —

Die gute, redselige Frau hatte vormals gerade
das Gegentheil mehrfach behauptet; aber ich ließ ihr
die Selbsttäuschung; sie glaubte ja fest daran.

„Also heirathen Sie, heirathen Sie, sage ich" —
fuhr sie fort, „wenn Sie erst Neumanns Glück sehen,
werden Sie von selbst Lust bekommen."

— „Ich will es abwarten," entgegnete ich, „bis
der Finger des Himmels winkt und mein Herz
spricht." —

— Unter dem brandenburger Thor, Angesichts der
Victoria, verließ ich Frau von Schnudel, nachdem
ich noch eine Einladung zum Thee bei ihr ange=
nommen — bei welcher Gelegenheit sie mir mehrere
Heirathscandidatinnen vorstellen wollte. Ich eilte zu
Neumann. —

— Ich fand die Familienverhältnisse so, wie sie
mir die Schnudel angedeutet. Frau und Kinder
blühten, im ganzen Hause herrschte Frieden und Fröh=
lichkeit. Eduard speculirte glücklich mit seinem bedeu=
tenden Vermögen in Eisenbahnactien, und da er doch
ein Steckenpferd, — er nannte es freilich Beschäfti=

gung — haben mußte, so construirte er eine ver=
besserte Locomotive."

Die Prügelscene, davon die Schnudel erwähnt,
bestätigte sich. Er hatte in der That einen der Vor=
steher des Pietistenvereins, der seiner Frau mit Ge=
walt hatte den Heiland erzeugen wollen, vom Weine
aufgeregt auf offener Straße durchgehauen. Zu seinem
Mißgeschick war der Geprügelte ein Mann von höherer
Stellung und hatte nicht unterlassen, gegen Neumann
klagbar zu werden — trotz der angepriesenen Demuth
und Duldung. Da aber durch Neumanns Aussagen
bedeutende Scandalosa an's Tageslicht zu kommen
drohten, so fand die Behörde es für angemessener, die
ganze Untersuchung niederzuschlagen. Der Gnaden=
mensch behielt seine Prügel und der Prozeß blieb, mit
einem Worte, schweben. —

— Daß mich die Schnudel übrigens trotz des ge=
sungenen und declamirten Thee's, bei welchem in der
That ganz charmante Mädchen, echte vollblütige Ber=
linerinnen, auch eine reizende, üppige, blonde Stetti=
nerin, zugegen waren, nicht unter die Haube gebracht,
liegt zu Tage, denn, wie Sie wissen, meine Herren,
bin ich noch heute nicht verheirathet. Einen Trost
aber nahm ich mit. Sie hatte der Frau von Neu=
mann im Vertrauen gesagt, daß ich ein ganz char=
manter Mensch und mit vielen Fähigkeiten für den

Eheſtand ausgerüſtet ſei, und daß ſie — wäre ſie nur ein paar Jahre jünger und hätte nicht ſchon längſt auf das Heirathen verzichtet, wohl im Stande wäre, mir ihre Hand zu reichen.

Ich verließ nach dieſer Mittheilung eilig Berlin; denn die Schnubel erſchien mir im Traume als meine Braut, den Myrtenkranz im Haar und zog mich, da ich nur mit einem Hemd und Unterbeinkleidern beklei= det war, gewaltſam mit ihrer ſtarken Hand zum Al= tare, zu großem Scandal einiger tauſend Menſchen, welche in der Kirche verſammelt waren, nachdem ſie ein über das andremal rief: „Nur nicht ſo blöde Männchen! Du weißt aber auch Alles.“ Seitwärts aber ſtand Eduard und verlachte mich, wie ich ihn früher verlacht hatte. — Ich ſchwitzte während des verdammten Traumes Blut und als ich erwachte, ſah ich ſelbſt mit geſchloſſenen Augen überall die Schnubel im Myrtenkranze vor mir. — Ich eilte nach Wien, um dort den ſchönen Mai zuzubringen und die ita= lieniſche Oper zu hören. — .

Nun aber zu Whiſt und Carbinal. **Allons enfans!**

⸺

Es war im Februar. Wir begleiteten ſämmtlich den hochwürdigen Herren auf ſeiner Inſpectionsreiſe

durch die Diöcöse. So kamen wir auch eines Tages
nach dem etwa fünf Meilen von Weißlinden entfern=
ten Städtchen Schmeerau. Eine reisende Schau=
spielergesellschaft gab daselbst Vorstellungen. Es war
Minna von Barnhelm angekündigt. Wir jun=
gen Leute beschlossen sofort, das Theater, welches im
Rathskeller=Saale aufgeschlagen war, zu besuchen.
Der alte Herr wollte den Abend bei seinem Amts=
bruder zubringen. — Wir versprachen uns, wie das
natürlich ist, tausend Spaß.

Endlich schlug die ersehnte Stunde und wir nah=
men eine Bank in der ersten Reihe ein. Da der
Rathskellerwirth mit den dramatischen Künstler Hand
in Hand wirkte, so war das ganz in der Ordnung,
daß im Zuschauerraume Wein und Bier, sowie Brat=
wurst und dergleichen consumirt wurden und die
Pfeifen der guten Schmeerauer immerwährenden
Dampf ausströmten. —

Endlich begann das Stück. Wir waren auf et=
was recht Schlechtes, auf eine förmliche Travestie des
herrlichen Lessingschen Stückes gefaßt; aber wir wur=
den enttäuscht; für eine reisende Gesellschaft war die
Vorstellung so ziemlich brav. Als der Wachtmeister
auftrat, da zuckte es durch mein Gehirn; diesen ält=
lichen, wohlbeleibten Mann mit der Stentorstimme
mußte ich einmal schon gesehen, ja gesprochen haben.

In der Residenz war es, glaub' ich nicht; aber wo, wo sonst? — Ich wandte mich an einen Schmee= rauer Bürger, der an meiner Seite saß, und fragte nach dem Namen des Schauspielers; denn die Ge= sellschaft hatte es aus ökonomischen Rücksichten unter= lassen, gedruckte Zettel auszugeben. „I," sagte mein Nachbar, „das ist ja der Director der Gesellschaft, der Herr Stuttenberger, ein guter Comödiant. Und die kleine, blonde Person, die die Minna von Har= lem spielt, ist seine Geliebte, seine Maitresse eigentlich sie hat ein Kind von ihm. Ja das Volk lebt merk= würdig durcheinander. Da hat z. B. der junge Lieb= haber eine Liebschaft mit der Mutter und sein Vater Eine mit der Tochter dieser Mutter, die die alten Rollen spielt. 'S ist eine Sünd' und Schande; aber es sind halt Schauspieler!

Ich dankte für den Bescheid; es flog ein Bild durch meine Erinnerung. Gestalt und Stimme konn= ten nicht trügen: jetzt hatte ich ihn — ja, es war der Gnadenmensch, der Gnadenmensch aus jenem Dorfe, der mich bekehren wollte, der mir das Trac= tätlein vom „Höllenschrein und Gnadensäckelein" ge= geben, der die hübsche, züchtige Wirthstochter Nachts auf ihrer Stube zu überzeugen versucht hatte. — Ach! Wie war denn der aus der Gnade so plötzlich

heraus und in den Sündenpfuhl des Komödianten-
thumes hinein gekommen?! —

·· Ich erzählte sofort während des Zwischenactes
meiner Braut, zu ihrer großen Ergötzlichkeit, die gemachte Erfahrung und beschloß den Gnadenmann
und jetzigen Theaterprinzipal nach der Vorstellung in
seinem Gasthofe — die ganze Gesellschaft logirte, wie
ich erfuhr im Anker — mit einem Besuche zu überraschen. Ich mußte erfahren, durch welche Conflicte
des Schicksals er von dem Gnadenwege ab und auf
die sündhafte Bahn des Schauspielerthumes gelangt sei.

Meinem Freund Edgar ging es gerade so wie
mir. — Als der Riccaud de la Marlinière erschien,
riß er sein Opernglas vor das Auge, rief halblaut:
„Bei Gott, er ist es!" und flog wie der Blitz aus
dem Zuschauerraume hinaus, auf die Bühne.

Ich erzähle hier, was er mir später mitgetheilt
hat. — Edgar stürzte in die Garderobe und fragte
nach dem Darsteller des Riccaud der so eben abtrat
und fertig war.

„Schneck!" rief er, „Baron! sind Sie es?"

„Ja, Schöneck!" schrie dieser, „ich bin es wirklich," und breitete die Arme aus und küßte Edgarn
trotz der Schminke und Gesichtspomade, die er auf
dem Antlitz hatte. — „Ja, ich bin's; so sehen Sie

II.   16

den Baron Schneck wieder. Ich heiße hier Flieder=
busch, aus Rücksichten, für meine Verwandten, für
meine Ahnen. Aber kommen Sie; hier sind wir ge=
stört; folgen Sie mir in mein Ankleidezimmer!"

Er zog ihn durch einen finstern Gang in das so=
genannte Ankleidezimmer, welches nichts anderes, als
ein angebauter Schuppen oder Stall war, dessen
Atmosphäre auf frühere, thierische, borstige Bewohner
schließen ließ. —

Vor einem zerbrochenen Spiegel bei einem mat=
ten Lichtstumpf wusch und entkleidete sich nunmehr
der Baron Schneck=Fliederbusch, während er dem
überraschten Schöneck in einem Athemzuge Folgendes
erzählte:

„Ja, so sehen Sie mich wieder, Schöneck! Hab'
ich nicht verdammtes Pech? Wie sticht mein gegen=
wärtiger Zustand ab, gegen jenen in Wiesbaden, wo
wir uns kennen lernten? Was meinen Sie dazu!
Auf Ehre! Ich hätte nicht gedacht, daß es mit mir
so weit kommen, daß ich das ertragen würde. Schö=
neck, das war ein Va Banc. Der alte Esel, mein
Oheim, ist an Allem schuld. Ich bin total mit ihm
brouillirt, ich machte ihm Vorstellungen — er sollte
sich scheiden lassen, sollte die Mesaliance desavouiren;
da goß ich vollends Oel in's Feuer. Und seit dem
er erfahren hat, daß ich die diplomatische Carriere

nicht fortgesetzt, oder eigentlich gar nicht eingeschlagen
habe, hat er mir durchaus jede Unterstützug entzogen.
— Seine Frau, die ehemalige Küchengrazie, bekommt
ein Kind nach dem Andern. Ich will mich weiter
nicht vor Ihnen geniren — Schöneck. Wir haben
uns schon einmal gesehen, und erschracken Beide.
Ich war ein Narr, daß ich mich versteckte. Aber was
sagen Sie dazu: Ich, der Baron Schneck, mußte
einen Schrankenzieher, einen Chausseegeld=Einnehmer
abgeben. **Quel horreur.** Mein Vater und Mama
haben sich im Grabe umgedreht; aber die Schmach
kommt nicht auf mein Haupt, sondern auf das des
Onkels. — Mit einem Worte: ich hielt's nicht länger
aus — ich ging unter eine reisende Gesellschaft,
wurde Schauspieler; und das Leben führe ich nun
schon drei Viertel Jahre. 'Ist das nicht lustig! Ha=
ben Sie mich heute gesehen? Hab' ich Ihnen gefal=
len; habe ich Talent?"

„In der That," versetzte Schöneck, „Sie haben
mich überrascht." —

„Das wird schon noch besser werden — ich habe
entschiedene Anlagen. Binnen einem Jahre hab' ich
einen Ruf, daß sich die Hoftheater um mich reißen
werden. Was sollte ich auch anfangen. Ewig
Chausseemensch bleiben? **Fi donc!** — Ich werfe mich
jetzt in das Fach der jugendlichen Liebhaber und

Helden; meine Figur, mein ganzes Exterieur, mein Organ qualifizirt mich dazu. Ich studire jetzt den Posa ein. Was meinen Sie dazu?"

"Ich freue mich über Ihre Fortschritte in dem Berufe," antwortete Edgar, während er still für sich dachte: Mit diesem Organ will er den Posa spielen!?

Es war ausgemacht, Schneck blieb und war der alte Narr, der Mensch voll Dünkel und Selbstüberschätzung. —

"Da übrigens," fuhr Schneck fort, "jetzt der Adel es nicht verschmäht, sich den schönen Künsten zu widmen; was sage ich; da er sie mit Vehemenz, mit Entétement betreibt, so sehe ich keine Schande darin. Ich nehme länger keinen Anstand! Wie sollte ich auch! Ich habe viele ebenbürtige Collegen und Colleginnen beim Theater. Ich nenne Ihnen nur die Hagn, den Herrn von Holbein, den Herrn von Perglaß, von Holtei, die Frau von Trentinaglia, Eßlair, Vater und Sohn, Forst, den Baritonisten Grosser in Braunschweig, Ballmann in Leipzig und hundert Andere. Der Graf Hahn-Hahn, Vater der Dichterin Ida Hahn, hat selbst in einer filbernen Rüstung Comödie gespielt. In Lüneburg ist sogar ein Adliger Souffleur! Was meinen Sie, Schöneck. Es ist freilich abnorm, daß die Reichsunmittelbaren für ein paar Groschen Comödie gaukeln

müssen. Aber rechten Sie mit dem Zeitgeist und
nicht mit mir! Und wie siehts vollends mit der
Poesie aus, die doch gewissermaßen auch zu den schönen
Künsten gehört? Da dichtet ein constitutioneller König,
mehrere Prinzen, viele Fürsten, zahlreiche Grafen und
unzählige Barone und beschämen die Canaille, die
da immer geglaubt hat, sie könne die Dichter nur aus
sich recrutiren. — Ich sage Ihnen, der Schauspieler-
stand wird mit der Zeit noch ein Ehrenstand und wir
erleben es noch, daß man direct von den Brettern
aus eine Staatscarrière macht. — Welche Frauenzimmer machen jetzt die besten Partien? Sängerinnen,
Schauspielerinnen, Tänzerinnen! Sie brauchen gar
nicht lange zu wählen; so haben sie einen Grafen
oder Fürsten an jedem Finger! — Ja, sehen Sie,
die Welt dreht sich, bald ist der Eine, bald der Andere oben. Wir können 's nicht ändern. Warum
haben da unsre Vorfahren nicht gebaut, warum haben
sie sich so viel vergeben, warum ließen sie den Plebs
so mächtig werden, daß jetzt ein reicher Jude mir und
meinem uralten Stammbaum auf der Nase, so zu sagen,
herumtanzen kann. O! das ist eine schwere Sünde,
Schöneck. — Sie können sich leicht darüber hinweg-
setzen — Sie sind reich! Ihr Alter war vernünftig;
er starb zur rechten Zeit und Sie können von seinen
angesammelten Früchten zehren. Aber ich bin allen

menschlichen und göttlichen Gesetzen zum Trotz be=
stohlen! — Es war doch eine Schmach, daß ich,
der Baron Schneck, von den Bauern, von den
Ochsenfuhrleuten eigenhändig die Chausseekreuzer ein=
nehmen mußte. Daß ich das ertragen habe, zeigt
von meiner guten Konstitution, von meiner Philo=
sophie. Diese ist das einzige, capitale Resultat meines
vielbewegten Lebens. — Was ich Ihnen sagen wollte,
Schöneck! Ich habe meinem Onkel einen Prozeß an
den Hals geworfen, ich habe ihn für wahnsinnig
erklären lassen wollen. Was macht er? Denken Sie
sich, während der Zeit wird seine Schrift über Stall=
fütterung von der ökonomischen Gesellschaft mit dem
Preise gekrönt. Da hieß es denn, ein Mann, der so
trefflich über das Rindvieh zu schreiben vermag, könne
unmöglich wahnsinnig sein und ich verliere den Pro=
zeß. Ich glaube bei den Römern ist ein gleicher Fall
mit einem gewissen Sophokles vorgekommen. Ich
hab's einmal in Müchler's Anekdotenalmanach gelesen.
Der Teufel soll all' das Zeug behalten: besonders
jetzt, wo ich, um mich zu poussiren, eine Rolle nach
der andern einstudiren muß. — Im Vertrauen ge=
sagt, Schöneck! ich habe während meiner kurzen
theatralischen Laufbahn famose Eroberungen gemacht.
Sie wissen, ich prahle nicht; aber gerade in den Mit=
tel= und kleinen Städten, ist der Schauspieler ein

Halbgott. Ich lasse mich auf den Händen tragen und thue noch, als ennuyire ich mich. Auf Ehre! ich bin ein verfluchter Kerl, und bereue es jetzt keinen Augenblick, daß ich zum Theater gegangen bin. Wenn nur die Gage nicht so knapp wäre! Sie wissen, Schöneck! man hat gelebt. Uebrigens habe ich die Hoffnung noch nicht aufgegeben; haben Sie lacht, ich überlebe den hartherzigen Onkel, der mich blamirt hat, und seine ganze Familie; sie muß aussterben. Ich habe eine Elephantenconstitution. Dann will ich einen Triumpf feiern — bis dahin bin ich aber auch ein großer Künstler. Apropos. Sind Sie verheirathet, haben Sie von der giftigen Circe, der Bianca etwas gehört?"

„Verheirathet noch nicht; aber Bräutigam mit der Tochter des Superintendenten aus Weißlinden. Meine Braut ist mit Vater und Schwester hier."

„Also doch, Brutus," declamirte Schneck, „ein Sclave des Ehestandes. Das hätte ich in Wiesbaden nicht gedacht. Die Angeline ist vergessen. Warum sprang die Gans auch in's Wasser. Sie konnte Sie ja eben so glücklich machen, wie sie den Briard hundertmal glücklich gemacht. Aber das habe ich vorausgesehen, Sie wissen mit den Weibern nicht umzugehen. Da bin ich ein anderer Kerl. Wie habe ich die Bianca gebändigt. — Ihre Braut ist wohl schön:

auf jeden Fall schön, sonst würden Sie nicht unter
Ihrem Stande geheirathet haben. Was ich sagen wollte.
Sie stellen mich ihr vor — nehmen Sie sich in Acht,
daß ich nicht Eindruck mache. Sie haben trotz Ihres
Exterieurs, die Bianca nicht erobert; aber ich,
durch meine Manieren, durch meine Energie. Das
können Sie nicht abläugnen. — Um wieder auf
Bianca zu kommen, was wissen Sie von ihr?"

„Sie war Gräfin d'Estrada, lebte in Lissabon —
ist Wittwe, und — ich habe sie vor ganz kurzer Zeit
gesprochen, sie ist in's Kloster gegangen. Ich glaube
übrigens — Sie waren ihr Geliebter — und doch
haben Sie sie nicht richtig erkannt!" —

„Ich nicht erkannt!" rief Schneck, „ich habe es
vorausgesehen, daß sie eine Betschwester werden wird.
Das ist das Ende in der Regel. Sie war voll
Aberglauben, katholisch. Ich hab' es ihr oft gesagt.
Eh bien! Ich habe in ihren Armen geschwelgt; das
bleibt immer eine angenehme Erinnerung. So hätten
Sie auch mit der Angeline verfahren sollen; statt sich
zu duelliren und sie in's Wasser zu schicken. O!
werden Sie doch einmal klug, lieber Schöneck! Nun —
Sie heirathen ja, und da hat Alles eine Ende. Was
ich Ihnen sagen wollte. Die Bianca hat mir nach
dem fatalen Zweikampf, wo ich nach Mainz flüchten
mußte, einen malitiösen Brief geschrieben; denken

Sie, gerade in der Zeit meines Unglücks, wo mich
der Onkel enterbte. Das war ein Doppelschlag. Sie
sprach sogar von Verachtung in ihrem Schreiben.
Wenn ich das nicht besser wüßte! Ich habe ja die
seligen Stunden ihrer Umarmung, die raubt mir kein
Brief, keine Macht der Erde. — Nun hole sie der
Teufel; sie mag für uns beten. Sie ist gewiß noch
schön; schade darum; in's Kloster konnte sie später
gehen. Dorthin passen die verwelkten Blumen!"

„Sie ist auch sehr reich geworden," warf Schö=
neck ein, „durch das Erbe ihres Vaters und die Nach=
lassenschaft ihres Gatten." —

„Was sagen Sie," rief Schöneck überrascht, „reich,
sehr reich? Sie eröffnen mir da eine Aussicht! Sie
ist reich und will in's Kloster gehen. Schöneck! ich
wär' im Stande die Bianca zu heirathen, wie die
Verhältnisse jetzt stehen. Sie führt den gräflichen
Namen ihres Gatten; der hat sie purifizirt. Ich
könnte ja mit ihr in England oder Italien leben, wo
uns Niemand kennt, wo man uns „von Eschen
nennt!" hehe! Ein schönes Weib bleibt sie doch. Was
meinen Sie dazu?"

— „Ich glaube es nicht, denn nach ihren Aeuße=
rungen gehörten Sie nicht zu ihren angenehmsten
Erinnerungen. Ich gab mir alle mögliche Mühe sie
von dem gefaßten excentrischen Vorsatze abzuhalten.

Vergebens! Ihr Herz ist gebrochen; sie sucht den Frieden."

„Alles Verstellung, Coquetterie, in der Liebe, wie in der Frömmigkeit. Ich kenne das, ich weiß, daß sie mich noch liebt. Sie kann nicht leben ohne die große Welt. Wenn ich auftrete, ihr imponire, so wende ich ihr ganzes Innere herum. Sie ahnen nicht, welche Gewalt ich über die Weiber habe. Nur erst entgegenstehen muß ich ihr, mit ihr sprechen, meine Beweisgründe geltend machen. Es gilt eine Wette. Wo ist sie jetzt?"

— „Wie ich gehört habe, Novize im Kloster Marienhall, acht Meilen von hier."

„Da muß ich hin; ich verschaffe mir Urlaub. Aber — eine discrete Frage — haben Sie Geld, Schöneck? Von der elenden Gaze kann ich das nicht bestreiten. Ich ersetze es Ihnen wieder. Ich muß mich ihr gegenüber präsentiren können. — Ich hole sie aus dem Kloster — es gilt eine Wette!"

— „Meine Börse steht Ihnen zu Diensten, obgleich ich wiederholen muß, daß ich an einem glücklichen Erfolg zweifle."

„Ei was! nur das Geld her — für das Uebrige stehe ich. Ich hab' schon andere Dinge möglich gemacht. Solche Bagatelle soll einen Schneck nicht in Verlegenheit setzen!" —

— „Ich habe Ihnen, Baron, noch einen andern
Vorschlag zu machen. Wir sind nun einmal bekannt
geworden, unsre Lebensverhältnisse haben uns in
nähere Conflicte gebracht: für den Fall, daß Sie
Bianca nicht gewinnen und folglich genöthigt sind,
die dornenvolle, theatralische Laufbahn fortzusetzen,
biete ich Ihnen, so lange Sie nämlich Lust haben
davon Gebrauch zu machen — eine jährliche Rente
von dreihundert Thalern an; der Freund dem
Freunde!" —

„Topp, das nehme ich an," rief Schneck und
umarmte Edgarn; „Sie sind ein prächtiger Kerl,
wenn auch noch nicht ganz so, wie ich Sie mir
wünsche. Ich mußte Sie nur früher kennen lernen,
ich hätte Sie erzogen und etwas Ordentliches aus
Ihnen gemacht. — Also Morgen reise ich nach
Marienhall zur Bianca. Das viele Geld müssen wir
aus den klösterlichen Klauen retten. Sie reisen schon
Morgen? Nun ich schreibe Ihnen über den Erfolg
nach Weißlinden. Wahrscheinlich bringe ich Bianca
mit, überrasche Sie, feiere einen Triumph. Sie werden
sagen müssen: Der Schneck ist doch ein verfluchter
Kerl, der macht Alles möglich. Aber — das Stück
ist eben aus, wie ich höre. Sie werden Ihre Damen
abholen müssen. Wo sehe ich Sie? — Sie müssen
mich Ihrer Braut vorstellen. Spaß bei Seite —

Sie dürfen nicht eifersüchtig sein: ich weiß, wie ich mich zu benehmen habe!"

„Kommen Sie in einer halben Stunde nach dem Gasthof zum goldnen Hirsch, wo wir logiren und ich will Ihnen meine Braut vorstellen. Machen Sie sich gefaßt, nur ein zwar schönes, aber einfaches Landmädchen kennen zu lernen. Für Ihren raffinirten Geschmack nichts, für mich aber Alles! Vorerst noch eine Bitte. Es darf in Gegenwart meiner Braut weder von Angeline noch Bianca die Rede sein. Sie werden den Frieden meines lieben, unbefangenen Mäd-chens zu ehren wissen."

„Natürlich!" rief Schneck, „mein Ehrenwort darauf. Sie wissen, ich bin biscret, ich weiß mich zu benehmen. Das wäre schön, wenn die Frauen alles wissen sollten, was wir im Junggesellenstande getrieben. Parbleu. Sie sollen Ihre Freude dran erleben. Nun aber gehen Sie — ich muß erst meinen Antheil an der heutigen Einnahme einstreichen, es ist ein elendes, meiner unwürdiges Geschäft; in einer halben Stunde sehen wir uns wieder." —

Edgar eilte zum Ausgange des Theaters, wo er Mathilde und Crispin nebst Anna bereits seiner har-rend antraf. Er erzählte seiner Braut mit wenigen Worten, wie er in einem der Schauspieler einen ehe-maligen Jugendbekannten, einen heruntergekommenen

Baron gefunden und machte sie auf dessen Besuch gefaßt.

Schneck erschien auch, sehr elegant gekleidet. Trotz seiner beschränkten Mittel setzte er doch einen Trumf darauf, in seiner äußern Erscheinung den Baron, den Salonsmenschen zur Schau zu tragen.

Sein geckenhaftes Wesen machte auf die beiden so natürlichen, unbefangenen Mädchen keinen angenehmen Eindruck, und Mathilde äußerte nach seiner Entfernung unverhohlen zu Edgar, wie sie nicht begreife, daß er an einem solchen Menschen Gefallen finden könne.

Edgar beruhigte sie: „Ich habe ihn in seinem Glanze durch Zufall kennen lernen", sagte er, „darf ich mich nun seiner schämen, weil ihm das Glück treulos geworden? Nie wird es mir beikommen, einen Lebensbund mit ihm einzugehen. Was man blos buldet, muß man ja nicht lieben!"

Ich nahm auf eine halbe Stunde Urlaub von meiner Gesellschaft, indem ich Mathilde Schöneck's Schutz überließ, und eilte in den Gasthof, wo die Schauspieler logirten. Es drängte mich, den Gnabenmenschen, meinen alten Bekannten, zu sprechen.

Er saß bei meinem Eintreten bereits mit seiner Geliebten, der bezeichneten jungen Schauspielerin, am Tische und aß. Ich stellte mich ihm vor, erinnerte ihn an unsre Bekanntschaft im Dorfwirthshause, an das Tractätchen vom Herzen als Höllenschrein und Gnadensäcklein, und hatte die Freude, von ihm wieder erkannt zu werden. Natürlich, der Scene mit der Wirthstochter und meiner damaligen mißbilligenden Worte, erwähnte ich in Gegenwart seiner quasi-Frau nicht.

Der Director Stuttenberger war ein ganz anderer Mensch geworden. Er lachte laut auf — bat mich, neben ihm Platz zu nehmen, nannte mich seinen alten guten Freund, der Dame gegenüber, und wurde, als ich Wein bestellte, immer heiterer. „Ja", sagte er, das war damals eine merkwürdige Zeit meines Lebens. Heute Komödie gespielt, damals Komödie gespielt: das ganze Leben ist nichts als eine Komödie. Vor allen Dingen muß man leben, man will leben."

„Also war das Alles damals nicht Ihr Ernst", rief ich, indem ich die Gläser füllte. „Und Sie setzten mir so zu, Sie erschreckten mich beinahe, Sie machten mich irre an mir selbst."

„Keineswegs, geehrtester Freund", sagte der Theaterdirector lachend, „alles Maske. Ich habe es Ihnen wohl schon damals gesagt, daß ich Pfänderverleiher

war; aber das Geschäft ging schlecht, ich war dem
Ruin nahe. — Was thut man nicht aus Noth! Ich
ließ mich daher von einem Mitgliede der Altlutheri-
schen anwerben und sang und betete mit ihnen um
die Wette. Der Himmel weiß, woher sie erfahren
hatten, daß die Gnade über mich gekommen sei, und
so beförderten sie mich in den ersten Grad, bezahlten
meine Schulden und sandten mich als Apostel aus
in die weite Welt, mit einem ganzen Koffer voll
Tractätlein. Nun, ich habe das Menschen-mögliche
gethan, aber ohne geringen Erfolg. Sie müssen davon
wissen; denn ich bin auch bei Ihnen abgefahren. So
lange es noch thunlich war, kam ich meinen Verpflichtungen nach und wirkte redlich als eine Art
Commis voyageur für die Gemeinde; als aber in
einem verdammten Dorfe — ich will den Namen
gar nicht nennen, um mich nicht zu ärgern — der
rationalistische Prediger die Bauern gegen mich auf-
wiegelte und ich schmähliche Prügel und andere In-
sulten erhielt, als endlich sogar die Geldunterstützung
von Seiten der frommen Brüderschaft ausblieb und
ich vis à vis de rien war, da langweilte mich, ehrlich
gesagt, die Frömmigkeit und ich suchte einen andern
Erwerbszweig.“

„Aber ich hätte nie gedacht“, warf ich ein, „daß

man die Frömmigkeit als Erwerbszweig benutzen
könnte."

— „Alles, alles, geehrtester Freund!" versetzte
er, indem er sein Glas leerte, „in unserer industrie-
ellen, speculativen Zeit Alles! Diese Pietisten sind
ja — glauben Sie mir's — nichts Anderes als luthe-
rische Jesuiten; sie arbeiten diesen in die Hände. Eine
Freiheit in Staat, Kirche und Wissenschaft ist von
ihnen nicht zu erwarten. Schon bei der Aufnahme
muß man ja das Gelübde der Unfreiheit ablegen. —
Ich habe eine ganz gesunde Constitution, geehrtester
Freund! Das sehen Sie mir auch an; aber auf die
Länge der Zeit mußte ich doch befürchten, durch dieses
künstlerische, mir aufgedrungene Uebermaaß von Frömmigkeit mein körperliches Wohlbefinden zu ruiniren.
Ja, dies nicht allein; wenn ich so fortfuhr und mich
in der Art verarbeitete, wie die Vorgesetzten es verlangten, gelangte ich nahe an's Irrenhaus. — Das
war nun mein Geschmack nicht; und — wie bereits
erwähnt — blieben die Geldunterstützungen aus, weil
ich ihrem Ausspruche nach zu wenig Seelen für den
wahren Glauben bisher gewonnen hatte."

„Aber wenn Sie selbst ein Getäuschter waren",
warf ich ein und bestellte eine neue Flasche Wein,
um ihn meinem Vorwurf geschmeidiger zu machen,
„wie konnten Sie wissentlich auch mich täuschen wollen?"

„Geehrtester Freund, das war der Zweck, auf diesen mußte ich laut Zusage und Handgelöbniß los-arbeiten. Dafür wurde ich bezahlt. — Ihre Gesund-heit, liebwerther Herr. Kunigunde!" — er wendete sich an seine Geliebte — „stoß an, Du trinkst die Gesundheit meines alten Freundes. Wie heißen Sie denn eigentlich?"

— „Werner, herzoglicher Chordirector."

„Werner, richtig! Zum Glück hatten Sie ein gesundes und frisches Naturell und gingen auf meine Propositionen nicht ein. Nun, wie ich Sie kenne, wären Sie auch umgekehrt, eben so gut wie ich. Ich habe eine saure Schule durchgemacht. Die Frommen hatten mir durch ihre Protection sogar eine lebens-längliche Anstellung versprochen. Es war Alles nichts! Und ich habe mich effective aufgeopfert, habe mir Ihre Scheltworte — ich weiß das noch ganz genau — und die Prügel der Bauern gefallen lassen müssen. Dafür auch nicht die geringste Anerkennung. Der Ertrinkende greift nach einem Strohhalm, wie Sie wissen: so auch ich, nachdem ich verlassen war von den Gottseligen. — Ich war in Bleichstedt, wollte hier meine junge Frau bekehren, lernte die Directrice, die alte Schaller kennen, nahm ihr einen Theil ihrer Geschäfte ab, liirte mich mit ihr, wie ein Sohn mit der Mutter, bereiste die schlesischen Bäder, und

als sie plötzlich starb, hatte ich den Muth, mich an
die Spitze des verwaisten theatralischen Haufens zu
stellen. Und in dieser Situation geht es mir, wie
Sie sehen, ziemlich leiblich. Sie haben mich vielleicht
heut als Darsteller gesehen?"

„O, gewiß! Ich staunte über Ihre Sicherheit,
dies dramatische Talent hatte ich Ihnen, ehrlich gestanden, nie zugetraut."

„Geehrtester Freund! wenn man jahrelang in
Berlin auf Pfänder geliehen hat, so findet man sich
in jede Rolle. — Ich habe übrigens den Inhalt der
Tractätchen, die ich damals zu verbreiten beauftragt
war, selbst nicht verstanden. Das wirre Zeug paßte
nicht in meinen rein praktischen Kopf. Und so kann
ich mir nunmehr die Ueberraschung Ihrerseits vorstellen,
als Sie mich heute auf dieser neuen unerwarteten
Laufbahn erblickten. Die Lebenswege sind seltsamlich
und es ist selten Einem an der Wiege das Lied gesungen, das später auf seiner Lebensbahn unausgesetzt
fortklingen wird. — Ich stelle Ihnen hier meine Kunigunde, meine künftige Gattin vor. Wir wären bereits
schon getraut — denn unsere Herzen sind einig —
wenn das Herbeischaffen ihres Heimathscheines nicht
mit Schwierigkeiten verbunden wäre. Aber wir sind
nahe am Ziele." —

„Sie sind", begann die junge Dame, Liebhaberin

und künftige Gattin, mit lieblicher Stimme, „gewissermaßen doch auch von unserm Metier. Sie sagten eben: herzoglicher Chordirector."

„Gewesen — mein — Fräulein", versetzte ich verlegen, denn ich wußte nicht, ob ich sie Frau nennen durfte, „bereits mit einem Gehalte entlassen, oder zur Disposition gestellt; gegenwärtig Organist in Boxdorf, meiner Vaterstadt."

„Ach, ich habe davon gehört", rief die Dame; „Sie wissen, beim Theater bleibt nichts verschwiegen. Es war ein Auftritt mit der ersten Sängerin, der Neri, wo Sie in Berührung mit einem eifersüchtigen Prinzen kamen."

Ich wollte antworten, aber ich vermochte es nicht; ich fühlte, wie mir die Purpurröthe ins Gesicht stieg.

„Nach Allem, was ich gehört habe", fuhr die Frau unbefangen fort, „habe ich mir Ihre Person anders vorgestellt, mehr kühn und unternehmend. Denn das liebt die Neri — ich kenne sie persönlich, ich war als Kind im Corps de Ballet, als sie zur Oper kam. Sie ist viel älter als ich."

Darauf hätte ich freilich nicht schwören wollen, denn die Dame sah um keinen Tag jünger aus als die Neri; aber ich schwieg aus Artigkeit, denn die Theaterdamen führen bekanntlich eine eigene Zeitrechnung. —

17*

„Ja," fuhr die künftige Frau Directrice fort,
„Sie könnten mir durch Ihre Empfehlung behilflich
sein, 'meinen höchsten Lebenswunsch zu realisiren.
Wenn ich erst in der Residenz gastirt habe, so werde
ich bestimmt engagirt und meine Zukunft ist dann
gesichert."

„Ich kann Sie freilich nur dem Hoforganisten
und meinem Freunde Bastel empfehlen."

— „Ist dessen Frau nicht Schauspielerin? Dann
wär' es freilich vergeblich, die läßt keine neben sich
aufkommen."

„Nein — sie ist Sängerin. Und zudem ist sie
vom Herzen gut — Sie haben von ihr kein Hinder-
niß zu befürchten. Ich kenne sie ganz genau." —

— „Ach Gott! Sie waren ja, glaube ich, auch
einmal ihr Bräutigam — der Besenbinder, unser
früherer Inspicient — er hat bei uns Collecte gemacht
— hat mir davon erzählt." —

„Wie das wechselt, mein Fräulein," versetzte ich
mit steigender Verlegenheit; denn mir war zu Muthe
als hörte Mathilde jedes Wort, — „jetzt bin ich
Bräutigam der Superintendentens-Tochter in Weißlinden und habe wahrscheinlich dem Theater für immer Lebewohl gesagt."

— „Das ist schade, mein Herr! denn im Grunde
giebts doch kein schöneres Leben, als beim Theater

und vollends wenn man bei einer Hofbühne lebenslänglich angestellt ist und sich die Rollen wählen
kann und wenn man einmal im Besitz derselben ist,
keine herzugeben braucht. Sie vergessen doch nicht
auf Ihre Empfehlungsbriefe?!"

„Ich werde Ihnen dieselben morgen früh, bevor
ich fortreise," antwortete ich und stand auf, „hierher
senden. Was Sie vom Theaterleben sagen, ist in
der That wahr — es ist reizend in mancher Be-
ziehung; nur nicht für jeden Charakter. Ich meines
Theils bin froh, daß ich mich in's einsame Privat-
leben zurückziehen kann. Uebrigens hat es mir Ver-
gnügen gemacht, Herr Director! Sie durch einen
glücklichen Zufall froh wieder zu sehen und auch Sie
mein Fräulein, Sie entschuldigen, wenn ich Sie jetzt
verlassen muß; aber Braut, Schwager und Schwägerin harren meiner. Ich darf sie nicht vernachläs-
sigen und empfehle mich Ihnen daher ergebenst."

„Schade, Schade!" sagte Stuttenberger und
drückte mir die Hand, „daß Sie schon morgen reisen.
Ich trete nemlich im Tartuffe auf: eine brillante
Rolle von mir. — Nun — wir begegnen uns ja in
diesem Leben noch mannichfach und Sie haben Gele-
genheit mich zu sehen. Ich bin mit Leib und Seele
Schauspieler, ich gedenke bei dem Stande zu bleiben.
Leben Sie wohl, geehrtester Freund." —

So schied ich. Meine Mathilde, welche inzwischen durch Baron Schnecks Unterhaltung sehr gelangweilt worden war, schien fast .böse, weil ich sie so lange Zeit verlassen hatte. Als ich ihr aber meine Unter= haltung — natürlich mit einigen Auslassungen — mit dem ehemaligen Gnadenmenschen und jetzigen Theaterdirector und Darsteller des Tartüffs erzählt, wurde sie in die heiterste Laune versetzt. —

13.

Schöneck erhielt nach vier Tagen folgenden Brief vom Baron Schneck:

"Geehrtester Freund!

Stellen Sie sich vor — die Bianca hat mich schnöde behandelt, sie hat mich so zu sagen mal= traitirt. Ich mußte das erdulden; ich der Baron, und sie war vordem meine Creatur. — Sie hat= ten Recht, als Sie mich warnten. Woher ist Ih= nen diese Weisheit geflossen. Aber beim ewigen Gotte, ich räche mich an diesem Frauenzimmer. Wenn wir uns sehen, erzähle ich Ihnen den Af= front. — Vor allen Dingen muß ich Ihnen sagen, daß ich von Ihrem Anerbieten sofort Gebrauch mache und Sie um hundert Thaler durch den Ueberbringer dieses anzugehen gezwungen bin. Natürlich nur

in Folge der eingegangenen Bedingungen. Ich habe
mich seit einigen Tagen auf die Politik gelegt.
Der Schauspieler Baudius, welcher mir auf der
fatalen Reise begegnete, hat das Talent in mir
entdeckt und hervorgerufen. — Wissen Sie, Schöneck! daß uns Carl X. uns, ich meine den Adel,
durch seine Juliordonanzen ruinirt hat. Wir waren und blieben mehr, wenn dieser Umsturz nicht
kam. Das war ein Fehlgriff, eine Schwachheit,
ich will nicht sagen, eine Dummheit, weil es ein
legitimes Haupt betrifft und eigentlich nur die
Schultern der Minister berührt. Aber wehe hat
er uns doch gethan und Sie werden aus dieser
Reflexion errathen, daß ich doch eigentlich für den
Staatsdienst, für die höhere Diplomatie geboren
bin. — Vor der Hand — ich bitte Sie um die
hundert Thaler! — gehe ich in ein neues Engagement nach Steglitz bei Berlin. Von da kann
ich in die Königstadt, ja sogar an's Hoftheater gelangen; denn ich habe Talent. Und Talent muß
man haben beim Theater. — Apropos! Ich habe
auch eine göttliche Frau, die Neri, die große Sängerin kennen gelernt. Ich hoffe, daß ich Eindruck
bei ihr gemacht habe. Sie sagte mir ihre Protection
zu. Ich bin doch ein verfluchter Kerl. Die Frau
ist allmächtig in der Residenz; wenn sie verreist,

nimmt sie sämmtliche Garderobe mit. Das kann und darf keine Andere. Sie verschafft mir bestimmt ein brillantes Engagement. Auf Ehre! Aber senden Sie mir nur die hundert Thaler. Uebrigens bleibe ich Ihr Freund, in Tod und Leben. Meine theatralische Carriere ist gewissermaßen gesichert. Ich gebe nächstens neben Rott, der den „Tell" spielt, den Melchthal. Eine famose Rolle von mir. Aber ich rufe vor der Hand mit Jago: „„Schaff' Geld in den Beutel!"" Die Bianca verachte ich; sie muß in der That wahnsinnig geworden sein. Sie hat mich förmlich maltraitirt. Schade um das schöne Geld, das auf diese Art zum Teufel oder in's Kloster geht! Nonne — Betschwester werden, das ist eine verrückte Idee. — Nun aber leben Sie wohl; ich habe einen Empfehlungsbrief an die berühmte Madame Strich in Berlin — sie vermag Alles — die Zeitungen werden von mir sprechen; Sie sollen staunen, was der Baron Schneck unter dem Namen Fliederbusch für ein Renomée bekommen wird. Adieu, Herzensfreund; ich umarme Sie im Geiste und bleibe ewig — glauben Sie nicht, daß mich der Ruhm stolz machen wird! — Ihr

Oscar, Reichsfreiherr
von Schneck."

Edgar durchlas lächelnd das seltsame Schreiben und beförderte die gewünschte Geldsumme zur Post.

14.

Mit dem ersten Dampfschiff, welches von Prag aus die Reise auf der Moldau und Elbe, an Melnik und Tetschen vorüber, bis nach Dresden quasi improvisirte, auf der Bohemia, dieser eisengegliederten, schlanken, blanken und eleganten Jungfrau, kam ich nach Schandau. Hier verließ ich den Bord und beschloß, einige Tage in der reizenden Gegend zuzubringen.

Ich kann Ihnen, meine Herren, die Ueberaschung nicht schildern, welche mir wurde, als Frau von Schnubel im Babesalon mir entgegen trat am Arme eines ziemlich bejahrten Offiziers, des Majors Nachtruh, den sie mir sofort als ihren Gatten vorstellte.

Meine Gratulationsworte klangen gewiß etwas albern; aber die Schnubel ließ mich nicht zur Besinnung kommen, sie strömte Folgendes aus:

„Nicht wahr, das hätten Sie nicht geglaubt, daß ich noch heirathen würde! Ja, man ist nie vor Schwachheiten geschützt, so lange man lebt und noch jung ist. Warum hatten Sie keinen Muth, warum

sprachen Sie nicht; dann führten Sie jetzt mich am
Arme. Ich habe es der Neumann doch so deutlich
zu verstehen gegeben. Indessen — meine gegenwärtige
Wahl ist besser! Sie sind zu sehr flatterhaft —"

„Aber Sie wollten mir doch eine Frau verschaffen.
Ich erinnere Sie an Ihr in Berlin gegebenes Ver=
sprechen."

— „Nun, an mir hat es nicht gefehlt; aber Sie
hegten zu Keiner, der ich Sie vorstellte, eine Incli=
nation."

„Sie waren mir alle zu biblisch, gnädige Frau."
„Wie so?"

„Ich dachte bei ihrem Anblick: Sie säen nicht,
sie ernbten nicht und der himmlische Vater oder der
geheime Hofrath, ernährt sie doch! Sie waren sämmtlich
Lilien des Feldes, erfahren in Tapisserie und Perlen=
stickerei um verlorne Vielliebchen und Geburtstags=
präsente zu fertigen. Eine davon löste sogar täglich
die Charaden, welche in der Frankfurter Didaskalia
stehen, mit besonderem Scharfsinn. Da mir aber
unsre jungen Damen noch immer selbst Charaden
sind, so —"

„Bleiben Sie doch derselbe malitiöse Mensch",
unterbrach mich die Gnädige, „der Sie stets waren!
Ich habe es Ihnen schon gesagt, daß Sie ganz fatale
Begriffe haben. Haben die jungen Damen, welchen

ich Sie vorstellte, nicht ganz allerliebst Clavier gespielt? Und wie reizend tanzen sie? Zwei davon
sprechen sogar englisch. Was verlangen Sie mehr?"

„Eine Hütte", entgegnete ich mit sentimentalem
Pathos, „und einen Raum für zwei vereinte Särge.
Ja, die Fräuleins haben Clavier gespielt; fast Jede
war ein Stück Lißt. Und tanzen konnten sie auch;
sie hatten fast sämmtlich mehr Talent zu einer Fanny
Elsler als zur Unsterblichkeit. Es ist nur ein Jammer,
daß mich ihre Beine mehr angesprochen haben, als
ihre Gemüther. Und im Grunde heirathet man doch
das Herz; nicht wahr, Herr Major? Die Beine
und die Clavierfinger bekömmt man so nebenbei mit
in den Kauf."

„Ich gebe Ihnen Recht", versetzte der Major,
an den ich diese erste Frage richtete, „ich habe meine
Sabine auch nicht wegen des Vermögens, wegen des
schnöden Mammons geheirathet, sondern wegen ihres
guten Herzens. Das bleibt au fond doch eigentlich
Alles in Allem! Hab' ich nicht Recht, Frau?"

„Ja, Du hast Recht, Männchen", antwortete
die gegenwärtige Frau Majorin, „weil Ihr Männer
immer Recht habt, denn Ihr hängt zusammen wie
Mauerkitt. Aber Sie, mein verehrter Freund, sind
ein recht malitiöser Mensch. Was Sie da über die
jungen Mädchen gesagt haben, erzähle ich ihnen buch-

ſtäblich wieder. Sie können ſich darauf gefaßt machen, von jeder einen Korb zu bekommen. Nun, mich touchirt das weiter nicht, denn ich tanze nicht und ſpreche kein Engliſch. Ihre bibliſche Lilie paßt alſo auf mich nicht. Aber es war dabei doch zu bedenken, daß die ſchöne, blonde Stettinerin ein bedeutendes Vermögen zu erwarten hat. Ihr Vater beſitzt eines der größten Weingeſchäfte. Er bezieht die Rothweine von der Quelle." —

„O, gnädige Frau! ſprechen Sie nicht davon. Sie kennen mich, ich bin ein ſchwacher Menſch. Vor der Hand aber hätten mir die purpurnen Lippen der ſchönen Stettinerin genügt; von dieſen hätte ich am liebſten und häufigſten getrunken."

„Nun — Sie ſind doch ein braver und charmanter Menſch; Sie können auch galant ſein. Hier haben Sie einen Kuß. Männchen, Du erlaubſt es doch? Ich habe die Stettinerin auch beim Abſchied geküßt, Sie bekommen auf dieſe Art durch meine Vermittelung den Kuß von ihr."

Dieſen Kuß mußte ich mir leiſten laſſen; während er meine Lippen berührte, tauchte die Schnubel als mein damaliges Traumbild — als meine Braut — in meiner Erinnerung auf. Mich erfaßte ein gelinder Schauer.

„Wie geſagt", fuhr ſie fort, „heirathen Sie, es

ist noch immer Zeit! Es wird Sie nicht gereuen.
Sehen Sie mich und meinen Mann. Wir leben wie
die Engel zusammen. — Aber Wolfgang", wandte
Sie sich plötzlich zu ihrem Gatten, „schaff doch den
verdammten, schmutzigen Pudel ab. Bei Gott! ich
wär' im Stande mich des Hundes wegen von Dir
scheiden zu lassen. Da ist er in die Pfütze gelaufen
und hat mir mein neues Kleid total besudelt."

„Liebes Kind, Engel!" tröstete der Major —
„Du weißt es, an dem Vieh hängt doch seit zehn
Jahren mein Herz. Er apportirt ja ein Zweigro-
schenstück aus dem Wasser. Ich muß ihn nur schee-
ren lassen. Aber in dem ganzen verdammten Neste
ist kein Mensch, der das versteht. Der Hausknecht
aus dem Kurhause hat's versucht; aber das Beest
hat ihn gebissen. Nicht jeder weiß mit dem Thier
so vernünftig wie ich umzugehen."

„Aber sagen Sie mir," fuhr die Schnudel, ohne
auf ihres Gatten Explication weiter etwas zu erwi-
dern fort; „wie kommen Sie denn hierher? Welch
ein Stern oder Unstern hat Sie hierher gebracht?
Haben Sie auf dem Kuhstall schon die schönen Verse
von der Helmina von Chezy im Fremdenbuche
gelesen? Ach, wie sind die rührend! Auf der Bastei
waren Sie wohl und das Prebltschthor haben Sie
auch gesehen? — Ja, wenn wir in der Gegend von

Berlin eine solche Gegend hätten! Moabit ist nicht
übel; wir haben dort eine Sommerwohnung; aber
es ist doch kein Vergleich. — Also, wie gesagt; was
machen Sie hier? Ist's vielleicht eine geheime Liebe,
welche Sie in die Thäler von Schandau gezogen?"

„Nein, meine Gnädige! sondern reine Speculation
und zudem noch Geldspeculation. Ich beabsichtige
nemlich auf dem großen Winterberge einen Normal-
hagelableiter zu errichten und dadurch die Königreiche
Böhmen und Sachsen vor jedem Hagelschaden sicher
zu stellen. Daduch ruinire ich sämmtliche Hagel-
assecuranzen, indem ich die Versicherung bedeutend
billiger gebe und bin noch dazu im Stande, während
der sämmtlichen Sommermonate — die ganze Resi-
denzstadt Dresden mit dem nöthigen Eise zu ver-
sorgen."

— „Nein, was Sie für kolossale Ideen haben!
Ja, der Neumann sagte es einmal zu seiner Frau,
daß Sie sich viel mit Geometrie beschäftigen und fast
immer acht Tage vorher das Wetter errathen."

„Ja Du hast Recht, mein Kind," warf der Major ein, „Meteorologie!"

— „Und wann reisen Sie?"

„Noch heut — lassen Sie mich diese schöne Hand
zum Abschied küssen."

— „Nun leben Sie wohl, charmanter Freund!"

versetzte sie und zog den Handschuh vom Arme, „ich
kann Ihnen doch eigentlich nicht böse sein. Sie haben auch einige gute Seiten und man muß sich im
Leben vertragen lernen. Wie lange dauert es auch.
Adieu, mon cher! Leben Sie wohl! wir begegnen
uns ja bald wieder irgendwo in diesem Leben. Sie
sind fast wie der ewige Jude. Auf fröhliches Wie-
dersinden!" Ich küßte gerührt ihre Hand, drückte
die des Majors und eilte in den Gasthof und von
dort an den Strand, um das sächsische Dampfschiff
nicht zu versäumen.

* *
*

Ich habe heut eine eigene Veranlassung Folgendes
in mein Tagebuch niederzuschreiben.

Warum tritt so plötzlich oft ein Schmerz, eine
Enttäuschung in unser Leben, daß wir die Blicke nur
hoffend entweder auf das Grab, oder zum blauen
Himmel emporrichten können! — Hierhin mit Sehnsucht nach Ruhe, dorthin mit Hoffnung und Vertrauen auf ein Wiedersehen. Die Gräber sind die
Wiegen der Unsterblichkeit, wie die Wiegen die Särge
sind für die Sterblichkeit. Es wäre doch entsetzlich,
die Edelsten, welche man im Leben erkannt hat, kurze
Zeit nur gesehen, wie einen Wanderer auf der Kante

des Berges, den die nächste Biegung des Wegs den
Augen entzieht, nie, nie, wieder zu finden! —

Aber das gläubige Herz hofft ja, und die Zeit
mit ihren Bedeutungen zwingt auch den hartnäckigsten
Zweifler zum festen Glauben. Aus der Sehnsucht
nach Ruhe, nach dem Grabe, dem sichersten Ruheort,
entspringt religöse Ueberzeugung. — Wir lernen doch
nur von den Todten. Die Lebenden mißverstehen
sich selbst.

Oft ist kein Goldschacht würdig genug ein Herz
zu verschließen, das in kalter, schnöder Erde vermodern
muß. —

Ich habe eigentlich keinen Grund zu klagen —
meine Mathilde liebt mich über Alles, noch glüht ihr
Kuß auf meinen Lippen; bald singen die Nachtigallen — die Lerchen sind schon da — dann führe
ich Mathilde zum Traualtare! —

Aber wie kommt es, daß man sich manchmal der
düsteren Gedanken doch nicht erwehren kann?!

Zu diesen Reflexionen hat mich das Wiedersehen
und Wiederfinden Wachtelreiter's gebracht. —

Nachdem ich der Frau des ehemaligen Gnadenmenschen und jetzigen Musterdarstellers des Tar-
tüffe die versprochenen Briefe zugesandt, setzte ich
allein mit dem Superintendenten seine Inspections-
reise fort. Edgar mit den beiden Schwestern kehrte

nach Weißlinden zurück, wohin ihn nöthige Geschäfte
riefen. —

.Wir langten in Boselwitz an; der neue Pastor,
ein noch ziemlich junger Mann, hielt seine Antritts
predigt, der natürlich der Superintendent beiwohnen
mußte. Ich folgte ihm in die Kirche. —

Wer schildert mein Erstaunen, meine Ueberraschung
als ich in dem Prediger den ehemaligen Emancipa
tionsmenschen, den Wachtelreiter, den Verfasser
von Diotima oder das enthüllte Weib erkannte. —

Himmel! wie war der ein Anderer geworden.
Er spielte jetzt den Glaubenswüthigen. Seine ganze
Rede bestand nur aus Drohungen mit dem Zorne
und Strafgericht Gottes. Wir sollten sämmtlich
Sünder in der Sünde geboren und mit dem Brand
mahl der Verdammniß auf die Welt gekommen sein.
Nur das Blut des Heilandes mochte uns rein waschen;
aber nicht Jedem war diese Gnade vergönnt. Vor
dem Tode mußten wir zittern; denn der brachte uns
die Hölle und in ihr ewige Verdammniß. Kein Wort
der Liebe, der Versöhnung, der Hoffnung kam aus
seinem Munde.

„Nein! an diesem Glauben konnte ich nicht Theil
nehmen. Laßt uns doch die Menschlichkeit mit ihrer
Schwäche, Reue, Buße und Besserung. —

Selbst der Superintendent schüttelte manchmal

mißbilligend den Kopf und verfügte sich nach been=
digter Predigt in die Sacristei und sagte zu Wachtel=
reiter mit mildem Tone: „Ich wünschte, Sie pre=
digten mehr die Liebe als den Haß!"

„Ich bin in Berlin ordinirt worden," versetzte
Wachtelreiter mit einer gewissen Demuth, aus der
jedoch die ehemalige Anmaßung grell genug hervor=
leuchtete. Es war eine Art geistlicher Hochmuth über
ihn gekommen, wie ihn ehedem der Gnadenmensch
bevor er zur Komödie gegangen, besaß.

Trotz dem drängte es mich seine Bekanntschaft zu
zu erneuern; denn der heutige Mensch war mir eben
so ein Räthsel wie der damalige.

In Gegenwart des Superintendenten wollte ich
ihn, indem ich ihn an seine früheren Grundsätze erin=
nerte, nicht in Verlegenheit setzen und begleitete ihn
daher nach seiner Wohnung.

Dort angekommen, sagte ich zu ihm: „Aber Ver=
ehrtester! welche Umwandlung hat mit Ihnen statt=
gefunden? Ich finde mich aus Ihnen nicht heraus.
Sie, den Verfasser von Diotima, muß ich heut in
dieser ehrwürdigen, geistlichen Tracht sehen!? Wenn
ich nun damals Ihren Grundsätzen nachgelebt hätte,
wohin wäre ich gelangt?"

„Ich bin zur Erleuchtung gekommen," versetzte

Wachtelreiter. „Sie mußten mir damals glauben, wie Sie mir jetzt glauben müssen."

— „Aber, was ist denn Wahrheit?"

„Alles und nichts," antwortete er barsch, „so ist die Hölle entschiedne Wahrheit, denn sie wohnt mehr oder minder in jedem Menschenherzen."

— „Aber Ihre früheren Schriften?"

„Verdamme ich. Meine neuen predigen allein das wahre Heil."

— „Sie wissen, ich bin kein Gelehrter, bin nur ein armer Musikant. Ich suche mir Licht zu verschaffen, wo ich kann."

„Kommt die Erleuchtung nicht von Oben, werden Sie ewig im Dunkeln tappen. Ich habe einen harten Strauß mit meinem Freund Rindmeyer. Ich muß diesem um jeden Preis die Gnadenpforte öffnen. Vor allen Dingen gilt es in Masse den stuttgarter Strauß zu befehden. Dieser ist von den Unreinen. Satan antwortete dem Herrn und sprach: „„Haut für Haut, und Alles, was ein Mann hat, läßt er für sein Leben."" Und das wahre Leben ist nur im unbedingten Glauben.

— „Aber stellen Sie sich vor," fiel ich ein, „der Gnadenmensch, den ich damals mit Ihnen zu gleicher Zeit kennen lernte, ist gerade das Widerspiel von Ihnen geworden. Er ist unter die Schauspieler ge-

gangen und lebt, wie man das so nennt, im Con-
cubinate mit einer jungen Person."

„So!?" verseßte Wachtelreiter gedehnt — „er
wird auch noch umkehren, so wie Sie!"

— „Aber mein verehrter Herr Pastor! Sie müssen
schon Nachsicht mit mir haben; ich bin in der That
unfähig, das Alles zu begreifen. Ich lebe so recht
und schlicht für mich hin — ich glaube nichts Böses
zu thun, und wenn ich des Abends zu Gott bete,
dann schlägt mein Herz ruhig und ich zittre vor nichts
Argem."

„Sie beten und glauben in Ihrer Art und treiben
vielleicht demungeachtet Abgötterei. Der Satan
wandelt nicht mehr als brüllender Löwe umher,
sondern im Schafskleide. Seien Sie auf Ihrer Hut,
damit er Sie nicht verschlinge. Was steht im Hiob II.
v. 7.: „„Da fuhr der Satan aus vom Angesichte
des Herrn und schlug Hiob mit bösen Schwären von
der Fußsohle an bis auf seinen Scheitel. — Und er
nahm einen Scherben, und schabte sich, und saß in
der Asche. — Und sein Weib sprach zu ihm: Hältst
Du noch fest an Deiner Frömmigkeit? Ja, segne
Gott und stirb!"" —

Die ganze Unterhaltung hatte etwas Unerquick-
liches für mich; ich suchte daher mich so schnell als

möglich zu empfehlen, indem ich vorgab, der Herr Superintendent erwarte mich. —

Ich reiste sofort nach Boxdorf, um den Obliegenheiten meiner Anstellung nachzukommen.

Man empfing mich daselbst freundlich und wohlwollend. Als ich zum erstenmale die Orgel spielte, hatte man meinen Sitz sogar mit Laub und Blumen umkränzt. —

Mein Logis war gut gewählt, charmant eingerichtet und ich freute mich recht innig auf die Stunde, wo ich meine Mathilde daselbst einführen würde.

Wie ich aber, es war am dritten Mai, — des Abends nach Hause komme, in der Absicht süß zu schwärmen und zu träumen von Mathilde, finde ich einen pressanten Brief meines Freundes Edgar, welcher abermals nichts als die lakonischen Worte enthielt:

„Komm sogleich hierher! Kündige Deinen Posten in Boxdorf. Das Uebrige mündlich.“

Dieser Brief erfüllte mich in der That mit Schrecken. Ich glaubte nichts Anderes als Mathilde, Edgar, Anna, der Vater, oder wer sonst sei erkrankt, wohl Jemand sogar gestorben. Ich rannte sofort auf die Post, warf mich in einen sogenannten Extrawagen und beschwor den Postillon so schnell zu fahren, wie es nur Pferd und Wagen aushalten würden.

Von einer Kündigung meines Amtes konnte bei
der Kürze der Zeit noch keine Rede sein. Denn in
den zwei Zeilen Edgars war doch nichts Bestimmtes
enthalten und dann konnte ich nicht so ohne Veranlassung meinen Gönnern gegenüber als ein Undank-
barer erscheinen. —

Ach! diese langen Poststationen marterten mich.
Jetzt dachte ich nicht mehr — so schön die Natur auch
war — an's Fußreisen: die Pferde im Galopp liefen
mir nicht schnell genug. —

— Endlich — es war ein wunderschöner Abend, —
erblickte ich den Thurm von Weißlinden und während
einer Biegung des Wegs am Stromesufer, wo der
Wagen mühselig und geräuschlos im dünnen Sande
fuhr, hörte ich aus dem Weidenbusche die Nachtigall schlagen.

O! die Thränen traten mir in die Augen bei den
süßen Tönen; denn der Vater Superintendent hatte
ja gesagt, wenn die ersten Nachtigallen sängen, sollten
ich und Mathilde Mann und Frau werden.

Nein! nein! Mathilde konnte nicht krank, konnte
nicht gestorben sein. Ich hatte doch nichts so Schlim-
mes begangen, um dieses Unglück zu verschulden. —

Aber mein Herz pochte doch gewaltig, als ich
durch die wohlbekannten Straßen fuhr. —

Ich sprang aus dem Wagen, Mathilde stürzte

mir entgegen und lag weinend in meinen Armen.
Aber es waren, Gott sei gelobt! diesmal keine
Thränen der Schmerzen, des Unglücks — sondern
mehr die Thränen der Freude. Wie ich später erfuhr,
hatte Mathilden nur der Gedanke betrübt fern von
Vater und Schwester in dem einsamen Boxdorf, wo
es ihr gar nicht gefallen, mit mir leben zu sollen. —

Natürlich äußerte sie dies gegen mich nicht; aber
Edgar errieth es und trat mir lachend entgegen.

„Ich habe Dir wohl," sagte er, als er meine
blassen, bekümmerten Mienen sah, „einen gewaltigen
Schrecken eingejagt. Ja, Du bist leicht aus der
Fassung zu bringen! Nun küß nur Deine Braut —
die Trostesbotschaft folgt nach. Der hiesige Cantor
ist gestorben — der erledigte Posten trägt eben so
viel ein, wie der Boxdorfer: Du sollst und mußt
unser Cantor werden, und Mathilde weint nur des=
halb, weil sie noch nicht weiß, ob es Dir unter uns
oder den Boxdorfern besser gefallen wird."

Ich flog an Edgars Hals. Der herrliche Mensch
hatte mir durch diese freudige Ueberraschung meine
gehabte Angst tausendfach vergolten.

„Ich habe zudem" fuhr er fort, „auch für einen
Substituten gesorgt, damit Du nicht zu sehr durch
die Berufsgeschäft in Anspruch genommen und uns
entzogen wirst." —

Ich wagte in der Freude meines Herzens einen Luftsprung und sank in die Arme des Superintenten, der eben aus der Thüre trat.

„**Organiste, male Christe!**" rief er scherzend.

Ich aber sprach von Jubel erfüllt: „Nun habt Ihr mich aber ganz! Hier bau ich ein Nest, wie der Hänfling im Fliederbaume. Oder ich rufe vielmehr: Hier ist wohl sein, laßt uns Hütten bauen. — Edgar — ich habe heut die erste Nachtigall gehört."

— „Ich auch!"

Noch nie, nie, klang mir ihre Stimme so süß und melodisch. Ach! Mathilde, man kann doch auf dieser Erde überaus glücklich sein."

Er ist von der Reise strapazirt, aufgeregt, exaltirt; man führe ihn in die Stube und gebe ihm ein Glas Wein, damit er wieder zur Besinnung komme."

So geschah es auch und wir verlebten in Liebe und trauter Unterhaltung einen seligen Abend.

— Und als ich wieder in meiner Stube war, in der kleinen, so wohl bekannten Stube, die ja all' die Geständnisse meines Herzens kannte und als ich in dem Bette ruhte, worin gewiß einmal Mathilde geschlafen, da hörte ich durch das offene Fenster — denn es war eine milde, laue Nacht — abermals die Nachtigall schlagen.

O die Nachtigall sang so schön und ich träumte

und glaubte, daß mich bei jedem Ton derselben Mathildens schöne weiße Arme umfangen, daß ihr Mund
meine Lippen berührt, daß ihre Locken über meine
Stirn, meine Augen gleiten. —

Gott hat mich doch unendlich glücklich gemacht;
und ich habe es doch so wenig verdient. Die paar
Compositionen, die ich geliefert, waren doch eigentlich
nicht der Rede werth. —

Es kam endlich unser beiderseitiger Trauungstag.
Der Superintendent selbst wollte uns verbinden.
Gäste aus nah und fern waren eingeladen.

Es war ein schöner Tag. Man erlebt ihn so nur
einmal im Leben; aber die Erinnerung davon ist auch
ein Schatz für das ganze Leben.

Mein guter Edgar hatte aber an diesem Vormit-
tage noch einen bittern Kelch zu leeren und mußte
sich die unsäglichste Gewalt anthun, seine innere Bewegung nicht zu verrathen. Anna, die beglückte
Anna, wäre sonst an den Stufen des Altars gestorben. — Aber dazu habe ich heut keine Ruhe,
das kann ich erst morgen meinem Tagebuche anver-
trauen. —

15.

Edgar erhielt einen Brief von Bianca und zugleich ihr Testament, worin sie ihm ihr sämmtliches Vermögen vermachte. Aber mit dieser Botschaft war noch eine traurige verbunden. Man sagte, Bianca habe am Morgen, wo sie den Schleier nehmen sollte — Gift genommen! —

Die folgenden Zeilen enthält ihr Brief an Edgar:

„Ich kann nicht bleiben und um in die Welt zurückzukehren, dazu fehlt mir der Muth, oder mein Stolz erträgt das nicht. Ich wähle einen dritten Weg; ich wandle die dunkle, unbekannte Straße. — Mögen Sie, theurer Freund! diese erst später finden, aber die Lebensruhe früher als ich.“

„Vielleicht sehen wir durch Gottes Barmherzigkeit uns oben wieder. Wir blicken ja Alle nach Oben, Edgar. Die Hoffnung kann ja keine Lüge sein.“

„Leben Sie glücklich, Edgar! und zürnen Sie mir nicht, daß ich nicht als Friedensengel, daß ich als Dämon störend und verdüsternd in Ihr Leben getreten bin. O, könnte ich Ihnen in meinem Todeskampfe doch mein Herzblut geben: Sie haben

ja das Ihrige für mich vergoſſen. — Aber mein
letzter Seufzer wird noch Ihren Namen nennen!
Der Tod iſt ſchrecklich; aber mir doch eine Noth=
wendigkeit."—

„— Beata, eine Novize, die ſich in ſchweſterlicher
Liebe an mich geſchloſſen, iſt die Ueberſenderin dieſes
Briefes. Sie lebt glücklich hier im Kloſter, ſonſt
hätte ich ſie befreit."—

— „Nun das letzte Lebenszeichen, das letzte
ſchriftliche Lebewohl! Selbſt von Gottes Throne
verſtoßen bleibe ich doch ewig Ihre

Bianca."

— Kaum hatte Edgar dieſen Brief geleſen und
verborgen, ſo trat ihm, feſtlich geſchmückt, ſeine Braut
entgegen. Biancas Diamantkreuz funkelte auf ihrer
ſchönen Bruſt.

Edgar erblaßte, als er dies Kleinob erblickte.

„Liebe Anna," ſagte er, „ich bitte Dich — fort
mit dem Kreuze; hefte, wie die Schweſter, eine Blume
an die Bruſt. Der Freund, der Dir dieſe Diamanten
geſchenkt, iſt, wie mir ſo eben ein Brief meldet, ge=
ſtorben. Warum ſoll ich in dem heiligſten und
ſchönſten Augenblicke meines Lebens an den Tod
erinnert werden? Weg mit dieſen kalten Steinen;
ſetze blühende Blumen an ihre Stelle, es iſt ja Früh=

ling — die Blumen errinnern an das Leben, die
Hoffnung, die Zukunft." —

„Er ist todt?" wiederholte Anna, und zerdrückte
eine Thräne in ihrem Auge und löste das funkelnde
Kreuz von der Brust — „und ich habe ihn gar
nicht gesehen!? — Aber auch der Todte, der so gut
war, kann ja nur versöhnend, liebend unser gedenken!" —

„Das hat er gethan," versetzte Edgar; „aber
nun fort zur Kirche!" —

＊

Wir brachen auf — auch Anna, wie meine Mathilde hatte sich mit Blumen geschmückt.

Der Superintendent, unser Schwiegervater, vollzog
selbst das Amt der Trauung. Von seiner gewiß
gutgemeinten Rede verstanden wir nichts, denn die
Rührung ließ ihn kein deutliches Wort hervorbringen.

Aber glücklich waren wir doch! Wir sahen uns
beglückwünscht, geliebt, geehrt von allen Zeugen der
heiligen Handlung. —

Die Nachtigallen sangen ja — ich war Mathildens Gatte. — Ein fröhliches Mahl vereinigte an

hundert brave Menschen. Die Bräute strahlten im
Blumenglanz und Pracht, in Liebe und Begeisterung,
der Tag war schön, die Maisonne leuchtete selbst wie
eine Braut.

Ja, man kann doch unendlich glücklich auf dieser
Erde sein. —

Als es Abend wurde und die entfernten Gäste
aufbrachen, nahm mich Edgar bei Seite und erzählte
mir den Inhalt des empfangenen Briefes. Der neue,
schöne Lebensbund, den er so eben beschworen, war
lindernder Balsam für die Wunde, die ihm so eben
der freiwillige Tod Biancas versetzt. —

Er sah nicht mehr in's Grab, er blickte, wie ich,
in die Zukunft. —

Er küßte seine Anna und nahm sie am Arm und
ging mit ihr in sein Schloß, wo er ihr zierliche Prunk=
gemächer ausgestattet. —

Ich blieb in dieser meiner Brautnacht in der be=
scheidenen Wohnung des Superintendenten, in der kleinen
traulichen Stube. Dorthin führte ich meine Mathilde.

Nachdem sie sich des beengenden Brautschmuckes
entledigt, ruhte sie auf meinem Schooße, da fiel mir
plötzlich ein Scherz, eigentlich eine kleine Bosheit ein.
Ich sagte nemlich ganz ernsthaft zu ihr:

„Meine Mathilde! Also bist Du jetzt mein — diese entfesselten Reize sind mein, nur mein, mein Auge nur darf sie sehen, nur meine Lippen dürfen sie küssen. Aber sage mir, Mathilde! hat Niemand vor mir, Dich, Du keusche Blume so gesehen, wie ich jetzt, Dein Gatte? O schwöre es mir zu — Du gibst mir Ruhe, Ueberzeugung und Seligkeit." —

— Mathilde fing bitterlich an zu weinen, entriß sich meinen Händen und warf sich auf das Sopha.

„Nur einmal — einmal," schluchzte sie, „über= raschte mich und die Schwester ein schlechter Mensch, ein Handwerksbursche, vermuthlich ein boshafter Schneidergeselle, dort drüben auf unserm Badeplatze. Er wollte uns aus Muthwillen die Kleider nehmen. Wir wissen gar nicht, wie der Mensch an diese heim= liche Stelle gekommen ist!" —

„Beruhige Dich, Mathilde!" sagte ich lachend und streichelte ihr Locken und Wangen und küßte ihr die Thränen von den Wimpern: „der schlechte Mensch, der Handwerksbursche und boshafte Schneidergeselle war — ich. Nun mußt Du aber auch die sämmt= lichen Schneidergesellen um Verzeihung bitten!"

Sie warf sich lachend in meine Arme und rief: „Du scheinst so schüchtern und bist doch ein Schelm!" —

Lightning Source UK Ltd.
Milton Keynes UK
UKHW020509070119
334942UK00007B/681/P

9 780364 672198